臺灣歷史與文化 研究輯刊

七 編

第 **10** 冊

臺灣布袋戲的口頭文學研究（下）

陳 龍 廷 著

花木蘭文化出版社

國家圖書館出版品預行編目資料

臺灣布袋戲的口頭文學研究（下）／陳龍廷 著—初版—新
北市：花木蘭文化出版社，2015〔民 104〕
目 6+140 面；19×26 公分
（臺灣歷史與文化研究輯刊 七編：第 10 冊）
ISBN 978-986-404-181-7（精裝）
1. 臺灣文學 2. 文學評論
733.08   103027820

ISBN-978-986-404-181-7

臺灣歷史與文化研究輯刊
七 編 第 十 冊   ISBN：978-986-404-181-7

臺灣布袋戲的口頭文學研究（下）

作　　者　陳龍廷
總 編 輯　杜潔祥
副總編輯　楊嘉樂
編　　輯　許郁翎
出　　版　花木蘭文化出版社
社　　長　高小娟
聯絡地址　235 新北市中和區中安街七二號十三樓
　　　　　電話：02-2923-1455／傳真：02-2923-1452
網　　址　http://www.huamulan.tw 信箱 hml 810518@gmail.com
印　　刷　普羅文化出版廣告事業
初　　版　2015 年 3 月
定　　價　七編 10 冊（精裝）台幣 20,000 元

臺灣布袋戲的口頭文學研究(下)

陳龍廷　著

目 次

第五章　文戲與武戲的主題分析

　　布袋戲主演者在現場面對觀眾的緊急狀況，及亢奮的情緒所激勵時，他竭其所能地運用學來的新鮮詞彙，或戲班流傳的套語來因應。布袋戲主演者腦海中幾乎倒背如流的演出情節段落，如此他們才能在極短的時間內，完成一齣令人驚豔的作品。一齣精彩布袋戲口頭表演，除了戲劇架構之外，最重要的血肉及內涵，則是這些經過反覆鍛鍊而學習來的情節段落。從民間藝人的學習環境，及他們所創作的表演文本，可能還透露出更多值得深思的問題。在筆者所蒐集的布袋戲有聲資料當中，經常會發現，有的布袋戲藝人會將某齣戲的口頭表演段落，融合在另一齣戲的情節之中，甚至也可能從別的主演學來類似的精彩段落，而結合在自己認為適當的戲劇情境之中。這些常見的布袋戲演出的段落，以口頭文學觀念來看，即典型場景（type-scene）或主題（theme）。

　　主題，是借重西洋古典研究的成果，他們將古希臘史詩重新放回口頭傳統來觀察，對我們瞭解布袋戲的口頭表演有相當大的啟發。羅德（Albert Lord, 1912～1991）在他的著作《故事歌手，*The Singer of Tales*》提出：主題可以被視為敘事中週期性重複的元素，或口頭詩學的描述。主題並非如套語般嚴格地從格律的角度來思考，它不應該被限制為精準的逐字重複。簡單說，他將主題視為概念群組（groups of ideas），在敘事故事時經常運用（Foley，1990：279）：

　　　　"the groups of ideas regularly used in telling a tale in the formulaic style
　　　　of traditional song."（運用傳統歌曲的套語風格來敘述故事時，所經
　　　　常運用的概念群組。）

　　羅德認為主題的特質，就在多重形式性（multiformity），放在口頭詩人的創作，而有變化多端的可能。羅素（Joseph Russo）則從光譜的觀點來看待，認為典型場景可以區分為幾乎完全重複，到完全缺乏重複。納格雷（Michael Nagler）認為：典型場景並非固定連續的字串或概念，而是繼承口頭言詞之前的格式塔心理（Gestal〔註 1〕），是一種有意義細節的「家族」的自發性衍生（Foley，1990：241～243）。福賴（Dold Fry）研究古英國詩歌時，將典型場景與主題作區分：典型場景是經常循環出現的刻板印象（stereo-typed），而主題則是提供情節基礎結構的一個連續性細節與概念（Foley，1990：333～334）。雖然學者各有不同的觀點與堅持，但他們大多同意將主題當作一個彈性的創作單位（a plastic compostional unit）。

　　布袋戲的彈性創作單位，即常見的典型口頭表演主題，至少包括文戲、武戲、笑詼戲等。布袋戲的各種主題，相當重要的功能就在於戲劇氣氛的轉換。當整齣戲已經出現過多的武戲，偶而運用文戲來調整一下觀眾的情緒。相反的，文戲太多時亦然。千萬不可以偏蓋全，以為布袋戲只有打打殺殺的文戲，或只有言詞沈悶的文戲，或只有裝瘋賣傻的笑詼戲。布袋戲主演因其承傳不同，及其性格偏好，因此各有所專長。所謂的主題，並非是僵硬的、固定的，我們反而應該以彈性的、可變性的心態來看待。

　　本章將討論文戲、武戲、口角衝突等三個主題。文戲，主要是臆謎猜、猜藥味、作對仔、科場問試等文字遊戲。武戲的表演，在此不討論尪仔架（ang-á-kè），談吐的粗獷氣勢，及對打的招式，而僅討論武戲前的叫陣場景。此外，介於文戲與武戲之間的，包括庄腳人與讀書人兩類不同的口角衝突的主題。

〔註 1〕心理學流派 Gestalt psychology，是 20 世紀初發源於歐洲，而臺灣學界譯為「完形」心理學，或直譯為「格式塔」心理學。Gestalt 這個德文，原意指形狀（shape）或形式（form）的意思。這門心理學的重要貢獻就在於人類知覺與意識上的問題的研究，與「整體」（the whole）的概念。他們認為「部份之總和不等於整體，因此整體不能分割；整體是由各部份所決定。反之，各部份也由整體所決定」。「格式塔」心理學影響相當深遠，特別是視覺欣賞，無論是一幅圖畫、一張攝影作品，作品中每一部份雖是各自獨立的視覺元素，但是如果想讓觀者留下深刻的印象，元素與元素之間必須彼此產生某種形式之關連。人類的認知系統，如何把原本各自獨立的局部訊息串聯整合成一個整體概念，正是「格式塔」心理學派主要的研究課題。將這門心理學理論應用於藝術學最著名的學者之一，是德國移居美國的阿恩海姆（Arnheim，1992〔1986〕）。

第一節　文字遊戲的主題

文戲，指沒有打鬥的場景，純粹以劇中人物之間的對話展開的文學遊戲。文戲的類型，可以分為文字遊戲，及言語口角兩大類。口頭表演為主體的布袋戲，直接訴諸觀眾耳朵的聽覺與理解能力。

主演者藉著戲劇人名來發揮想像力，可說是相當有趣的創作。有時，文字遊戲的場景也可以是互動式的觀眾參與（participation），而不是單面向的訊息傳播而已。單面向傳播的困境，就在於無法直接感受到觀眾的感受與反應。有的觀眾甚至只是人在舞臺底下，而神識早已遠離戲院。在當代所謂「後現代」的藝術或戲劇，他們面臨創作力貧乏的困境時，經常採取「集體創作」以突破「個人主義」的框架，或特別標榜「觀眾參與」以期待觀眾與戲劇之間產生互動關係，或追求「現場即興」以打破千篇一律反覆再反覆的僵化表演。有的主演再以劇中人物當作標的物，而與觀眾大玩「腦筋急轉彎」的遊戲。例如黃俊雄布袋戲的著名謎題「內山做大水」（lāi-soaⁿ chò-tōa-chúi），謎底也就是劇中人物「劉三」。想想颱風天下豪大雨的日子，臺灣深山裡的大杉木被衝進溪流，隨著大水流出來，這個特殊意象的「流杉」（lâu-sam），正好與「劉三」同音。

1989 年黃俊雄在臺視播出的《鋒劍春秋》。他以劇中人物作謎底標的，讓觀眾來信猜謎，在完結篇公開謎底並參加摸彩。其謎題為：

> 青 piàng-piàng，白 phau-phau，
> 無嘴會哮，
> 無腳會走，
> 無尻川會車糞斗。

這個合韻「鬥句」的謎題，其實在影射臺灣常見的大自然景觀。臺灣是個美麗的島嶼，放眼看去，都是一望無盡的海岸線。大自然的萬有引力，牽動著海水反覆拍打著島嶼，如此婆娑的韻律海景，就成為這個謎猜所描述的對象。其謎底，就是戲劇中相當厲害的角色「海潮聖人」。這齣戲的最高潮，也就是「海潮聖人」為輔佐秦始皇併吞六國，而催動靈符，以天兵天將排成「三才陣」，而反併吞的孫臏則派出劉邦、蕭何等人來對抗，最後形成「先天」拼「後天」的局勢。天兵天將即使擁有凡人無法抵擋的神力，但他們是否能違反天命，而殺掉即將開創未來歷史的人物？而未來歷史上的功臣，是否能夠以他

們的肉區來阻止在他們之前一統天下的王朝建立，即使這樣的朝代是如何充滿邪惡的？這種「後設歷史」（Metahistory）的命題，卻是這齣戲讓觀眾看得入神的重要的動機。

文字遊戲，一方面讓戲劇的情節得以延展開來，另一方面，也是主演者與觀眾之間的機智問答，至少讓喜歡猜謎的觀眾有參與感，因此很自然地成為布袋戲口頭表演的一部份，有的戲班甚至還以此作為品牌特色，其中最著名的應該是五洲派。常見的布袋戲文字遊戲，包括謎猜、猜藥味，或是集「對對仔」、謎猜於一身的科場問試。有時不但巧妙有趣，而且雅俗兼容。

口頭表演的內容深淺，當然與觀眾的水準有關。過於精緻的文字遊戲，在口耳傳播的過程當中，往往不是很能夠很有效地讓觀眾瞭解。因此布袋戲的文字遊戲，很少直接來自書面的文字，而是相當同俗易懂的口語。過去的觀眾群當中有許多漢學先生，他們的表演中也比較多出自四書的對聯、謎猜等。在外臺觀賞的觀眾當中能夠直接聽得懂出自古書的文字遊戲的越來越少。而黃俊雄之所以能夠藉著文字遊戲闖出特色，可能有賴於藉著電視「字幕〔註2〕」，更能推廣詩詞念白的優雅，而超越一般觀眾接受口頭傳播的限制。以下以 ioh 謎猜、猜藥味、作對仔、科場問試等四層次進行討論：

一、臆謎猜

臆謎猜（ioh bī-chhai）是布袋戲相當常見的口頭表演。所謂「臆」，即猜猜看的動作，在臺語相當常見的動詞。「謎猜」是名詞，也是猜謎的對象。「臆謎猜」本來就是民間口傳文化的重要內涵之一。即使在文字使用已經發達的地區，口頭猜謎仍然沒有被文字謎猜所取代。如學者所說的（胡萬川，2000）：

> 因為謎之為謎自有傳統以來，就一直不只是文人的，表之於文字的活動。在沒有文字以前，早就有謎的活動，這只要證之至今仍無文字的少數民族，或雖有文字但仍未充分受教育啟發，文字使用不發達地區的民眾之調查即可知悉。文字的使用只不過使謎的活動更進一步，因為文字本身所蘊涵的「謎」之力道，而使謎的活動更加多樣化、更加豐富而已。

〔註2〕「字幕」對布袋戲表演而言，雖可輔助主演，提高更大的口頭表演可能性；另一方面，隨著歷史演變，在臺灣的觀眾相當倚賴字幕的情況之下，有的布袋戲越來越棄守口頭傳統，而有走向書面文學的傾向。

布袋戲卻將類似這樣的「謎猜」遊戲，融入戲劇的情節。通常出現的場合是，正當群俠面對戲劇危機引發的難題，無論在戰場上尋求援助、尋找拯救傷患的高明醫藥等而必須求助某對象。如果群俠尋求援助的對象，偏偏是與他們立場相反的人物，為讓前來求援者知難而退，又對得起自己的陣營。以下討論兩則典型的臆謎猜：

（一）《六合魂斷雷音谷》的範例

戲劇時機，發生在「東北派」的「矮仔冬瓜」、「戀杉」等人，如何藉著三寸不爛之舌，勸阻女先覺「金鳳凰」，不要幫助與他們敵對的「五雷天師」。當說客的矮仔冬瓜，陳述了一番冠冕堂皇的道理，讓金鳳凰毫無反駁的餘地，卻也讓她陷入兩難。為了免除她的私交與公共利益之間的衝突，出難題讓對方知難而退，可說是比較圓滿的作法。他們約定三項難題定輸贏，第一項是作「對仔」給對方對，另一則就是「臆謎猜」，最後一道題目是猜一個歷史人物，考驗的是對於古典知識的熟悉程度。在此只討論相關的「臆謎猜」（黃俊雄，1979）：

> 矮仔冬瓜：嘿！我作一个謎猜子你猜！Hohⁿ！條直聽hâⁿ！「我佇咧想啦，抑你佇咧癮啦。Tiuh一下！Tiuh一下！嘿嘿嘿…，我佇咧歡喜，抑你疼kah強欲死」。
>
> 金鳳凰：矮仔冬瓜！你講啥貨啦？你對女先覺遮呢無禮hâⁿ？你還敢的時陣，講此个黃色--的！
>
> 矮仔冬瓜：啊！無彩講你老先覺哩！抑這啥物號做黃色--的？這作謎猜lioh，這足好--的，足有意思lioh！
>
> 金鳳凰：啥物咧有意思？He我未曉猜啦！
>
> 矮仔冬瓜：抑若未曉猜，你都認輸，抑我都解說予你聽。
>
> 金鳳凰：你若解說無理hohⁿ，你予我拍死。
>
> 矮仔冬瓜：好啦！好啦！好啦！君子態度！君子態度hohⁿ！我若解說無理hohⁿ，抑我予你拍死，無問題！秘雕佇遮作公道人。
>
> 秘雕：哈哈…，矮仔冬瓜，上勢講遮的離離khok-khok。你此滿若講無理予*人拍死，he我是毋知啊。哈哈哈哈…！

　　矮仔多瓜：好啦！好啦！你恬恬聽！恬恬聽 hoʰ！「我佇咧想，抑
　　　　　　你佇咧癮。Tiuh 一下！Tiuh 一下！我佇咧歡喜，抑你疼
　　　　　　kah 強欲死」。這都是「釣魚仔」啦！

　　金鳳凰：Hâʰ？釣魚仔？

　　矮仔多瓜：Hioh！我都是咧想彼尾魚仔母，hoʰ！抑彼尾魚仔都是咧
　　　　　　想我的肚蚓仔咧，hoʰ！抑「tiuh 一下！tiuh 一下！」魚
　　　　　　仔佇咧食餌（jī）啊，抑啄（tok）一下、啄一下，抑我共
　　　　　　扭（giú）起來！Hoh，「我佇咧歡喜，抑你疼 kah 強欲死」，
　　　　　　都是彼尾魚仔 hoʰ，勾著嘴，足疼--的嗎！

　　金鳳凰：Hmh⋯，按呢閣誠有道理呢。

這則 1979 年的布袋戲「謎猜」，似乎是 1990 年代臺灣風行的「腦筋急轉彎」的前身。「謎猜」的內容，其實多少是來自生活瑣事，轉個彎，卻被拿來開個玩笑。幽默本身，其實就是一種腦筋的急轉彎，特別是語意的轉彎。矮仔多瓜出的謎題，尤其是臺語的動詞「癮」，還有接下來「你」／「我」的人稱，似乎意指「金鳳凰」／「矮仔多瓜」的關係，很容易讓觀眾想到男女性愛關係，如金鳳凰所指控的「講黃色--的」，從語意上來理解沒有問題。但矮仔多瓜的解釋，卻是出人意料之外，原來他將「你」／「我」的人稱關係，理解為「魚」／「釣客」的關係，卻也相當合理。由此看來，這則「謎猜」玩的是，人稱指射對象的曖昧性（ambiguity），觀眾一旦獲得語意的解釋，無不得到豁然開朗的笑聲。

（二）《南俠翻山虎》的範例

　　這齣戲是出自陳山林，其戲劇的危機引發的情境是：「萬教和平王」被「一代妖姬」的神秘功夫打傷，必須找去找「海角詩人」，取千年何首烏才能治癒。海角詩人不但學問深，詩詞歌賦，樣樣皆能，功夫也很行，必須吟詩答對勝過他，才能要到寶物。眾人正在束手無策時，「江湖人」臨時教導「福州老人」一些絕活以便能夠贏得最後的勝利。福州老人找到海角詩人居住的地方，先裝腔作勢，吟詠一首王之渙的名詩〈出塞〉，取得「海角詩人」的好感。雙方認識之後，福州老人以古今中外的常識來挑戰對方，所提的問題不但包括歷史上的人物，如「周三傑」、「漢三傑」等，甚至連 1989 年甫當選美國總統的老布希（George H.W. Bush），也成為題目。最後，「福州老人」提出人意外的謎猜，來難倒對方（陳山林，1989）：

福州老人：Hmh⋯，按呢真好。按呢我都是欲佮你吟詩答對。抑你
　　　　　若輸我，自按呢此叢送我啦！抑生成毋免吟啦！較吟，
　　　　　你嘛輸！按怎你嘛輸。抑橫直都輸啊，抑無你按呢啦
　　　　　hoh^n，自動啦！自動啦！省（sé^n）漏氣！抑你將此叢千
　　　　　年何首烏從按呢送我。自按呢決定，你的人誠好。

海角詩人：Eh？Eh？Eh？汰有遐簡單？

福州老人：Hmh⋯，抑若無簡單 hoh^n，你毋都算誠有夠力，比我較
　　　　　厲害嗒？

海角詩人：猶未比試，毋知影誰勝誰敗。

福州老人：Hmh⋯，按呢好，你的學問真好，博古通今，你攏總會
　　　　　知？

海角詩人：曉知淡薄，毋敢攏會知！

福州老人：Hmh⋯，按呢你的人，故謙故謙。我問你，我問你！He
　　　　　「周三傑」，你捌抑毋捌？

海角詩人：簡單！周公、文王、孔子，號謂「周三傑」。

福州老人：Hmh⋯，抑「漢三傑」咧？

海角詩人：「漢三傑」？張良、韓信、蕭和，謂之「三傑〔註3〕」。

福州老人：Hmh⋯，按呢厲害！抑我問你啦！抑美國此滿著總統--
　　　　　的，he 啥物人啦？

海角詩人：哦！布希，這我宛若捌伊。

福州老人：恁阿媽十八歲〔註4〕！含（hâm）he，你也捌！唉啊！無
　　　　　簡單無簡單！抑岳飛伊作啥？

海角詩人：滿江紅！

福州老人：抑〈正氣歌〉啥物人作--的？

海角詩人：當然是文天祥啊！

福州老人：哭父啊 he！人即會怨嘆，有影--的。抑我叨位的人，你
　　　　　敢知？

〔註3〕 口頭表演只要劇中人物講話的語氣速度正常，其餘通常不拘小節。如這裡應
　　　　該是「漢三傑」比較有道理，主演者一時講得很順，稍微漏字，並不妨礙全
　　　　篇段落的意旨。
〔註4〕 指不可能或超乎尋常的。一般的情況，很少才十八歲的人，能夠當上祖母。

海角詩人：聽你的腔口，離鄉（hiuⁿ）不離腔，你福州人。

福州老人：Hmh⋯，駛此箍老『窟窿〔註5〕』，眞正拼未倒啦，拼未倒啦！按呢好！按呢好！抑無按呢啦！

海角詩人：怎樣？任考不倒，做你來！

福州老人：抑無咱母*愛吟詩啦！吟詩，我有吟過啊，你干焦聽，嘛知影這正板--的。

海角詩人：Hmh⋯，會用得！

福州老人：抑無咱來作謎猜啦，好無？謎猜，你敢有法度？。

海角詩人：作謎猜？

福州老人：Hàⁿ！

海角詩人：哈哈！吟詩答對，我都看不在眼內啊，小寡一个謎猜啊，這非常非常的簡單，做你作無要緊！

福州老人：有影hohⁿ？

海角詩人：著！

福州老人：我此滿若作落*去！三分鐘到，你若答未著，無才調答，按呢都是輸哦！千年何首烏都是我--的哦！

海角詩人：一定！講會到，做會到！

福州老人：Hmh⋯，按呢好！欲作落*去哦！

海角詩人：做你來！

福州老人：Hohⁿ，欲去啊哦！

海角詩人：較緊！較緊！

福州老人：哦哦⋯，哦！

　　　　　「肉孔鬥肉筍，

　　　　　你含〔註6〕我的下腰，我攬你的頷頸（ām-kún），

　　　　　肉孔一下 bún，

　　　　　肉筍白膏 chhiâng- chhiâng 滾。」

　　　　　這你按呢共我猜看覓啦？

海角詩人：Ehⁿ⋯？今（taⁿ）⋯，今⋯，今你是咧講啥？Hâⁿ？咱這

〔註5〕這句話是「福州老人」常用的口頭禪，聽起來像是將臺語、華語夾雜的語言。『窟窿』，卻都唸成輕聲的 khu-lon。

〔註6〕含（hâm），指輕輕銜著之意，陳山林的語音 hiâm。

是詩禮之家，以詩會友，以文會友。你哪會作此个…？
這…，這土對啦！遮土，欲按怎對？有失詩人的人格。

福州老人：Hmh…，按怎號做土？Hâⁿ？你都是毋捌字啦，毋即會號
　　　　　做土；抑 若捌字--的，按呢這是真正有影一種真好的教
　　　　　育，你知影毋知影？

海角詩人：唉咿…，這號做教育？

福州老人：「肉孔鬥肉筍，你含我的下腰，我攬你的領頸，肉孔一下
　　　　　bún，肉筍白膏 chhiâng-chhiâng 滾」，這按怎號做土，你毋
　　　　　捌字，毋即會講土。

海角詩人：這…？這…？這我較想都想無啦。抑有彼號「你含我的
　　　　　下腰，我攬你的領頸」，啥物「肉孔一下 bún，肉桦白膏
　　　　　chhiâng-chhiâng 滾。」這…，這…，這欲呔有可能啦？
　　　　　這…，這…，這我無才調對！

福州老人：停！嘿嘿！時間到！三分鐘！你無才調答，按呢你輸囉。
　　　　　趕緊！將此个千年何首烏提出來，nńg-á 〔註 7〕福州人我
　　　　　欲愛啦！

海角詩人：無啊！你講念這毋是土話，是一種真好的教育。來來來！
　　　　　你若有才調解說，解說 kah 無土、真正合情合理，若按
　　　　　呢，我甘願將千年何首烏予你。

福州老人：有影抑無影？

海角詩人：著！

福州老人：嘿嘿，我解說予你聽啦，he 都是 hoⁿ，老母抱囝仔佇咧
　　　　　食奶。

海角詩人：啥貨？老母抱子食奶？

福州老人：都著毋？「肉孔鬥肉筍」，煞毋知影講，囝仔彼个嘴，肉
　　　　　做--的，著--無？

海角詩人：是啊！

福州老人：抑嘴有孔，毋是肉孔？抑 in 老母的奶，圓圓尖尖，毋是像
　　　　　肉筍全款，按呢毋是肉筍？抑老母抱子食奶，對（ùi）下

〔註 7〕陳俊然塑造的角色「福州老人」，其口頭禪以「咱仔」（lán-á）來指稱自己，不
　　　過後來的徒子徒孫，如陳山林都已經唸成「nńg-á」。

腰共含咧，抑子對 he 老母的頷頸共攬咧，毋是「你含我的
下腰，我攬你的頷頸」？抑「肉孔一下 bún」，he 囡仔 hoʰ，
一下嘴吸（suh）咧，in 老母的奶啦，按呢白白，像出泉全
款，一港一港直直流出來，按呢毋是「白膏 chhiâng-chhiâng
滾」？唉啊！你這土人！毋捌字啦！心肝歪啦！較想都想
對邊仔去，莫怪你臆未著啦，hahʰ！你都是輸！

當年美國新當選的總統，被當作迷猜的對象。這也正好讓我們其確定創作的
年代，大致在 1989 年左右。其次，這則謎猜的韻腳很漂亮，動詞用得也很生
動，「你含我的下腰，我攬你的頷頸」，也眞令人發嘍，而語意的解釋也很出
人意料之外的。將「肉 sún」想成「肉榫」，很可能會讓「海角詩人」以爲是
「土話」。「鑿孔鬥榫」（chhàk-khang tàu-sún）是傳統木做的技巧之一，以刀削
木做成的木釘，稱爲「榫」；接受木釘的洞，稱爲「孔」。一般臺灣俗語說「有
孔無榫」，指空有「榫」，而沒有洞可以接合，引伸作不實際的、或無益的動
作。如果從「肉榫」來思考，很容易想將謎題成男女性關係動作的聯想。但
如果從母親抱小孩吃奶的意象，來理解「肉 sún」，形容婦女的乳房形狀，爲
「肉筍」似乎很絕妙。使用一組同音詞彙，「肉榫」或「肉筍」，原本就很容
易在語意上造成曖昧，是此則謎猜巧思之處。

臺語的語彙「土」（thó），有責備別人不知道禮儀規矩行爲的意思。講粗
野話的人，叫「土人」。這樣的口頭表演像是走鋼索的特技表演，驚險萬分，
而藝高膽大的表演確實也讓人絕倒。最後的結局是很戲劇化的，戲中粗鄙無
文的「福州老人」竟然能夠勝過號稱學富五車、才高八斗的「海角詩人」。尤
其是對手名叫「海角詩人」，似乎諷刺詩人，或知識份子總是想太多了，才會
想歪而猜不到答案。原本自以爲是詩禮之家，以文會友的詩人，而思想卻可
能很「土」，被言語鄙俗的「福州老人」嘲笑爲「土人」。言語的反諷，有時
卻是直指人心，就好像「都市 sông」對比以往臺灣的鄉下人經常被嘲笑的封號
「庄腳 sông」一樣，何曾幾時都市的小孩，卻可能一點都不認識臺灣常見的動
物、植物，而淪爲名符其實的「sông」。這種腦筋急轉彎式的謎猜，有時會有
令人料想不到的戲劇性反諷。其巧妙就在一語雙關的性暗示，及透過「土」
而巧妙的隱藏，難怪考倒讀書人。除了顯露出民間藝人的狡黠與戲劇性反諷，
也讓猜謎者臉紅耳赤。畢竟如「海角詩人」這類聖賢書念太多的人，對於我
們日常生活或土地生命息息相關的意象，反而是最陌生的。

布袋戲「臆謎猜」，顯然與文人雅士的文字遊戲有鮮明的差異。以往文人參與元宵節「猜燈謎」，所取材的範圍大多是出自唐詩、千家詩、四書、詩經、左傳等古書，而出題也偏好以漢字的結構的拆解、重組等方式，顯然與民間口頭的「謎猜」有很大的差異。布袋戲「謎猜」很鮮明的特色，就在於來自生活經驗中的意象，無論是釣魚，或母親餵奶等。從語言學的觀點來看，可以解析這種語彙描寫所形成的曖昧性。

現代語言學之父索緒爾曾考察個人的言語行為，他發現言語的循環現象：說話者因內心的概念而發出聲音，而聽話者經由聽覺接收到這樣的聲音，在他的腦中重新轉變為概念。這樣的言語循環過程，除了發聲、聽覺屬於生理過程之外，其餘音響形象與概念的對應，則屬於心理現象。如說話者口中發出「chhiū-á」的聲音，聽者腦中浮現的是樹木的意象。這層對應關係如果不存在，語彙符號都變成不可理解。這樣的對應關係，也就是語言符號的基本模型。他將這樣的對應關係圖像化如下（索緒爾，1985：91；Saussure，1985：99）：

概念（*concept*）
音響形象（*image acoustique*）

口頭表演的謎題，就是以言語生動描述的「音響形象」，而謎底也就是相對應關係的「概念」。問題就在於這種對應關係，在尚未進入語言學者所說的語言符號的任意性（*l'arbitraire*）或不可論證的規定之前，其實是充滿曖昧、不確定的關係。特別是藝術家所描繪出來的音響形象，與現實的意象（概念）之間的對應，經常不是一對一的關係，反而是一對多的關係，甚至是故意讓猜謎者誤入歧途的性暗示，如「tiuh 一下！tiuh 一下！」或「你含我的下腰，我攬你的頷頸」等。李維史陀（Claude Levi-Strauss）早年在整理法國社會學家莫斯（Marcel Mauss）論文選集所寫的緒言，曾提到「不穩定的能指」（*signifiant flottant*）（Levi-Strauss，1950：XLIX）的觀念，指的就是符號的能指與所指的聯繫關係，處於不穩定的狀態。不穩定的能指的觀念，不僅可以用來解釋巫術思想，也適用解釋所有的藝術、詩作、神秘的發明與美學。

二、猜藥味

布袋戲的「謎猜」，不僅是「腦筋急轉彎」式的幽默而已，有的還需具備民間知識背景才能夠猜到答案，特別是一些草藥的知識。這些「猜藥味」的

「謎猜」，其實反映了早年臺灣民間人的草藥知識，尤其鄉下人是對生活周遭隨手可得植物的熟悉程度，甚至只要看到植株本身，立刻想到它是什麼藥，有什麼功能，可以治什麼病，幾乎倒背如流。筆者童年時代在屏東媽祖的廟後，看過專門賣草藥的攤販，後來在臺北萬華龍山寺旁的巷子，還看得到這種賣青草藥的店。

「猜藥味」出現的戲劇場合，大多戲劇危機引發的後續處理，如人物受傷急需治療，這時來一個君子的約定，如果可以猜中，那麼就接受對方的請求。如《史豔文與女神龍》，吳員外女兒受「豬哥魔」化成「史豔文」的英俊外貌所迷惑，劉三、大頭仔成前來探看。吳員外要求他們必須經過測試，才能進入他女兒的閨房治療疾病。這些「謎猜」通常一來一往，進行得相當快速。一方面考驗主演者的記憶能力與熟練程度，另一方面，也讓觀眾在極短的時間內猜想答案，並且為劇中人物的高超反應能力而驚歎。

猜藥味，可分為漢藥與西藥兩類型。漢藥方面，黃俊雄的版本最為完整，不但從一猜到十，而且有更多與漢藥相關的歇後語。劉祥瑞的版本，猜漢藥名僅從一猜到十，較特別的是他另外加上西藥的「謎猜」。略述如下：

（一）猜漢藥

在此以黃俊雄演出的「猜藥味」為主，劉祥瑞版本前半段的差異處僅以註腳方式標明。而漢藥的知識，大多請教臺南的中醫朋友簡素節醫師，相關的說明放在註腳。「猜藥味」的對話如下（黃俊雄，2001）：

> 吳員外：若會當醫治我女兒的病患盡棄，三百甲，現登記予你。若
> 　　　　像怎二人的人材，也通過，會使予我做子婿。可是 neh，我
> 　　　　較早也咧開藥店，我宛若有捌淡薄仔，hoʰⁿ！予我試看覓，
> 　　　　試若會通過，即入去共醫。抑若無，小姐的閨房，查埔人
> 　　　　是無隨便進入。
>
> 劉三：好啦！好啦！做你考哦！做你考，無要緊啊！嘿嘿！看你欲
> 　　　考醫宗金鑑〔註8〕、施方妙藥〔註9〕、抑是湯頭歌訣〔註10〕
> 　　　（ko-koat）啦！he，我攏總足熟--的，都著啦！

〔註8〕 《醫宗金鑑》是清代乾隆年間由吳謙等奉政府之命編輯的一部醫學教科書。
〔註9〕 《施方妙藥》是紀錄歷代的民間偏方與民間用藥的醫書。
〔註10〕 《湯頭歌訣》是清代汪訒庵所編，以詩歌體裁編成，便於方劑的記頌。

吳員外：來啦！我這十支指頭仔予你臆啦！

劉三：好！來！

吳員外：一支？

劉三：一支香！

吳員外：二支？

劉三：二度梅！

吳員外：三支？

劉三：三仙丹！

吳員外：四支？

劉三：四君子！

吳員外：五支？

劉三：五倍子〔註11〕！

吳員外：六支？

劉三：六神丹！

吳員外：七支？

劉三：七厘散！

吳員外：八支？

劉三：八珍！

吳員外：九支？

劉三：九層塔〔註12〕！

吳員外：十支？

劉三：十全！

吳員外：總去？

劉三：十全大補！十全大補！

吳員外：進前？

劉三：車前〔註13〕（ki-chiân）！

〔註11〕 「五倍子」又稱「附子」（華語），屬於止血、收斂的藥。

〔註12〕 劉祥瑞《百草翁》的演出版本，只有這第九項與此不同。他的答案是 Kiú-bī-tiâng-hoa，但不知是什麼草藥。後來請教簡素節醫師，她懷疑可能是「九味羌活」（Kiú-bī-khiang-hôat）的音誤，也就是羌活、蔥白等九味藥組成的湯藥，屬於治療傷風感冒的藥。

〔註13〕 漢藥名，屬於利水通淋，清肝明目，鎮咳祛痰的藥。

吳員外：退後？

劉三：厚朴〔註14〕（hō-phok）！

吳員外：上天？

劉三：天門冬〔註15〕！

吳員外：落地？

劉三：地骨皮〔註16〕！

吳員外：哦…，攏總予你猜tiâu！好！

劉三：嘿嘿！

吳員外：此滿閣來，可能你都未著了囉！

劉三：你做落去，無要緊！無要緊！咱遮-的老先生足濟--的。遮府
　　　城neh，府城遮的老先生逐家攏知影。哦…，你閣作！

吳員外：善才、蓮女〔註17〕（lí）、灶君公、土地。

劉三：四神〔註18〕（sù-sîn）啦！

吳員外：四神貯（té）咧目藥矸仔。

劉三：細辛〔註19〕（sè-sin）啦！

吳員外：Hiù！四神、細辛，按呢好！你實在是才高八斗，出口成章，
　　　應答如雷啦，hơhⁿ。Eⁿ…，閣再來此味，可能你臆未著啊！
　　　「皇帝娶某」？

劉三：川芎〔註20〕（chhoan-kiong）啦。

吳員外：查某人欲生团？

劉三：杜仲〔註21〕（tō-tiōng）啦！

吳員外：抑查某--的佮查埔--的睏做伙neh？

劉三：蛤蚧（kap-kài）啦！

吳員外：Hơ？蛤蚧？

〔註14〕 漢藥名，屬於治療腹脹的常用藥。
〔註15〕 漢藥名，塊根煎服治肺炎、解熱、鎮嗽、強腎、利尿。
〔註16〕 漢藥名，落葉灌木，果實名「枸杞子」，根皮名「地骨皮」，屬於清熱清涼藥。
〔註17〕 「蓮女」在語意上似乎比較沒意思，筆者認為可能是「Lêng-lí」（龍女）的音誤。
〔註18〕 指四種漢藥：茯苓、淮山、芡實、蓮子。
〔註19〕 漢藥名，全草曝乾煎服治毒蛇咬傷，對肝臟、腎臟有效果。
〔註20〕 指四川產川芎，做補血劑。
〔註21〕 漢藥名，用生材煎服做解熱劑。

劉三：嘿嘿！He 蛤蚧都彼款杜定〔註22〕（tō-tēng）he 啊！杜定，he
　　　蛤蚧啦，著--無？He 攏專門咧食清--的啊！He 若中毒--的專
　　　門咧食蛤蚧都著啦。抑查某--的佮查埔--的睏做伙，都蓋（kah）
　　　咧--毋？抑毋是蛤蚧？
吳員外：Hò！按呢好理！好啦！我炁你到繡房，見我的查某囝 hoⁿ。
　　　先生！望你「死柳成春」、「盧扁〔註23〕再世」。

「猜藥味」除了將常見的漢藥從一到十排列之外，還有諧音，或同音字的文
字遊戲。

　　諧音的文字遊戲，如「四神 té 咧目藥矸仔」的謎底，也就是「細身」，語
音與漢藥「細辛」完全相同。「查某人欲生囝」，也就是婦人懷孕，「肚脹起來」，
「肚脹」（tō-tiòng）與「杜仲」（tō-tiōng）的語音相近。

　　「皇帝娶某」的意涵，即皇帝準備娶後宮娘娘。臺語的「拴」（chhôan），
即準備的意思。「拴後宮」的語音，與「川芎」（chhoan-kiong）頗接近。

　　「查某--的佮查埔--的睏做伙」這個謎題，就需要一點想像力，還要生活
臺語的相關知識。物質的東西混合在一起的動詞，即爲「kap」，例如到中藥
房「合藥仔」。引伸到人與人焦不離孟的動詞，臺語有時稱爲「佮做伙」或
「佮鬥陣」。而「睏」的睡覺動作，讓人想到蓋棉被，即臺語所說的「蓋被」
（kah-phōe）。這裡卻必須聯想到「蓋」一詞的另一個音「kài」，例如量米時
將米抹平的工具，就叫「蓋仔」，或記帳用的工具，叫「蓋尺」。由此而想到
漢藥的謎底，也就是「蛤蚧」（kap-kài）。主演者還爲觀眾解釋這位特殊漢藥
的來源，及藥用功能。原來是臺灣常見四腳蛇「杜定」。筆者小時候在田野
間看到那種爬蟲類動物，常聽大人稱爲「杜定蛇」。主演者在那麼短的時間
內，卻呈現結合臺灣語言趣味，及豐富民間知識，甚至稍微解釋一下藥性，
彷彿眞的對於這些民間漢藥知識的熟練程度，因而每每獲得觀眾驚嘆與掌
聲。

（二）猜西藥

　　劉祥瑞《百草翁》關於西藥的謎猜的場景，仍屬於戲劇危機之後的處理：
「敢死俠」被西北派打傷，已是瀕臨死亡的危險地步。「百草翁」必須借《蓮

〔註22〕　臺灣常見的爬蟲類動物，俗稱「四腳蛇」，據說有毒。
〔註23〕　指春秋時代生於齊國「盧」地的名醫「扁鵲」。

花化身譜》，才能完全治療敢死俠。但這本寶鑑的擁有者，卻是脾氣古怪的「千古無情姑」。她年輕時婚姻不幸福，坐了十三次的「回頭轎」，至今仍是未婚的老姑婆，天底下的男人在她看來，都是極為可惡的。因而一開始百草翁前來借寶鑑時，千古無情姑以一來一往的罵人方式與他較量。相罵無法佔上風之後，再以「猜藥味」的方式來為難百草翁。而百草翁也不是省油的燈，已經完全猜中十項漢藥味。其內容與前面討論的漢藥謎猜從一猜到十的內容，幾乎完全相同。現在反過來由百草翁出題來考對方，這回不是考漢藥，而是西藥。其對話如下（劉祥瑞，1990s）：

> 千古無情姑：Heⁿ？唉喲！按呢你無簡單哦！指頭第一支直直伸，伸
> 　　　　　　到十支。十項藥味哦，你攏臆會著！
> 百草翁：若這無希罕啦！換我共你考一下啦，hoʰⁿ！抑你若有才調
> 　　　　應，寶鑑毋借我，百草翁鼻仔摸咧、越咧，從按呢轉來！
> 千古無情姑：唉？
> 百草翁：你若講 hoʰⁿ，予恁 mē 考倒去，無才調共我回答，寶鑑借
> 　　　　我都好！
> 千古無情姑：按呢哦，做你來！銅旗敢設，敢予倒〔註24〕！做你來！
> 百草翁：你拄即指頭仔一支伸到第十支啦，in-mē 共你臆中藥的藥味
> 　　　　啦。抑此滿閣來，換我指頭仔第一支伸到第十支啦。你毋*
> 　　　　愛共恁 mē 臆中藥--的，換臆西藥--的，按呢你有法度--無？
> 千古無情姑：Hehⁿ？老身哦，江湖走透透哦。藥味，逐家嘛臆中藥
> 　　　　　　--的，哪有人咧 臆西藥--的？
> 百草翁：有啊！你若有才調，你共我臆。若臆會著，寶鑑毋借我，
> 　　　　我越咧，從按呢轉來。抑你若無才調臆，你認輸我，抑我
> 　　　　講予你聽。你聽了若感覺講按呢有理，寶鑑借我，按呢好
> 　　　　--無。
> 千古無情姑：好啦！老身都毋捌聽著。按呢啦！你講--的哦，愛臆
> 　　　　　　西藥哦！
> 百草翁：Heⁿ！臆西藥！

〔註24〕「銅旗敢設，敢 hō 倒」這句話應源自布袋戲的著名戲齣《倒銅旗》，即秦瓊
　　　　破銅旗陣的故事，引伸為再困難的挑戰也不怕的意思。

千古無情姑：指頭仔伸一支，西藥欲按怎臆？

百草翁：簡單！一點零目藥水！

千古無情姑：二支？

百草翁：雙箭（chiàn）牌安腦丸。

千古無情姑：三支？

百草翁：三（saⁿ）仙老公仔標！

千古無情姑：四支？

百草翁：風邪 sù-phah〔斯巴〔註25〕〕！

千古無情姑：五支？

百草翁：五分珠！

千古無情姑：六支？

百草翁：猴標六神丹！

千古無情姑：七支？

百草翁：七厘武功散！

千古無情姑：八支？

百草翁：八寶牛黃散〔註26〕！

千古無情姑：九支？

百草翁：海狗丸！

千古無情姑：十支？

百草翁：金十字胃腸藥〔註27〕！

千古無情姑：Ehⁿ？唉喲！百草翁，你哪會遮厲害？

百草翁：嘿！到今你即知！予你知影百草之家，百草翁啦！西藥--
　　　　的有法度，漢藥--的嘛有法度。O-bā-sáng，按呢講實在--的，
　　　　你輸我！《蓮花化身譜》借阮，抑阮用了都提來還你啦，
　　　　拜託拜託！

「千古無情姑」與「百草翁」，都可說是一對喜劇性人物。對話所說的「銅旗

〔註25〕　「斯巴」是外來語的譯音，一般人幾乎不照字面唸成「su-pa」，而是「sù-phah」。
〔註26〕　八寶牛黃散，是流傳已久的傳統中藥方劑，也是國人常用的「育嬰祕方」，主
　　　　要用於治療小兒驚悸夜啼、鎮驚及退熱等。
〔註27〕　據新萬仁公司的官方網站資料顯示：萬仁藥廠在 1953 年推出「金十字胃腸
　　　　藥」。（http://www.104info.com.tw/hotcompany/55323709000.htm）

敢設，敢予倒」，其實是將布袋戲耳熟能詳的戲齣《倒銅旗》，當作知識背景在使用，指如果對方敢擺出難題，這邊一定有辦法破除難題，是一種「唱注」（chhiàng-tù）。

「百草翁」的名字，很容易讓人聯想到神農嘗百草的典故。他在戲劇的形象是以以老者的姿態出現，看起來似乎不只是草藥知識的集大成者，也可能如古書上所說的山中仙人食仙草、飲花露而長生不老。「百草翁」與民間人對草藥的知識相互呼應，是可理解的，在此令人驚喜的卻是猜「西藥」，而不讓漢藥名的謎猜專美於前。從謎底的藥名看來，應該是約 1950～60 年代臺灣知名度很高的藥品，包括「一點零目藥水」、「猴標六神丹」、「七厘武功散」、「金十字胃腸藥」等。對於現代人來說，不過就是藥品名稱而已，但放在具有相同社會背景，及童年記憶的臺灣人而言，卻是印象深刻的。如「七厘武功散」，老一輩的臺灣人可能會想起本名陳政行的「北港六尺四」，他膾炙人口表演，包括單手舉人絕技，甚至是挑戰讓大巴士從身上碾過的絕技等。從文本脈絡的觀點來看，布袋戲「猜藥味」的口頭表演，可說是來自土地的記憶，來自民間軼事與生活相關的知識背景。

三、作對仔

布袋戲的文字遊戲，很多是來自以往的書房訓練。日治時代《臺灣藝術》的總編輯江肖梅曾寫過一篇〈書房〉，相當清晰地讓我們瞭解書房的教學情境，包括他們的教科書，從最初啟蒙的《三字經》，到《四書》、《五經》、《千家詩》、《聲律啟蒙》、《幼學瓊林》、《唐詩三百首》、《指南尺牘》等。書房教學的方法，除了暗誦、習字外，還有就是開始學習「對句」。例如老師出「天」為題，學生必須對以「地」；若出「清風」，則對以「明月」（江肖梅，1943：23～24）。

布袋戲的「作對仔」（chò-tùi-á），很可能是源自「漢學仔先生」訓練學生的基礎課程之一。黃海岱認為這類遊戲，出題的人只需五分的實力就可以完成，而應答的人非得要有十分的能力才可能對得上。「作對仔」的場合，有時與《桃花過渡》之類的相褒相似。當對方找麻煩時，出一個對仔給他對。如對不上，自認失敗，就不敢再來找麻煩。筆者將布袋戲口頭表演較具特色的四書對、笑詼對，討論如下：

（一）四書對

四書對，是特殊的「對仔」，大多是承傳自前輩布袋戲師傅，經常出現在

「科場問試」的戲劇場合。以四書作爲文字遊戲的標的，具有濃厚的「漢學仔先生」味道，如出自《孟子》的篇章的聯句爲題，則對以《論語》的聯句（黃俊雄，2005）：

> 主考官：Niâng Hūi-ông lēng Kong-sun Thiú〔梁惠王令公孫丑〕，
> 　　　　chhéng kà-bûn chāi lî-lô-siōng〔請媵〔註28〕文在離婁上〕，
> 　　　　chīn-sim kò-chú ha̍k-bān-chiong〔盡心告子學萬章〕。
>
> 怪老子：He Ōe Lêng-kong khián Kong-iá Tiông〔衛靈公遣公冶長〕，
> 　　　　chè Thài-pek î hiong-tóng tiong〔祭泰伯於鄉黨中〕，
> 　　　　sian-chìn lí-jîn bú pat-ek〔先進里仁舞八佾〕。
>
> 主考官：Oh？遮的冊你攏看透透？
> 怪老子：He 逐本我攏嘛看著，he 我咧念--的遐攏嘛看透透都著啦！

這七字一句的聯句，其實是將四書的篇章名重新排列組合。出題者，既然已經將《孟子》的〈梁惠王篇〉、〈公孫丑篇〉、〈滕文公篇〉、〈離婁篇〉、〈盡心篇〉、〈告子篇〉、〈萬章篇〉等組成有意義的文句，不單是巧妙連綴篇名，還有大意在，連綴組成的意思是：梁惠王命令公孫丑，請謄寫文章在籬簍上，全心全意告誡孩子，要學好萬篇文章。對者也必須想辦法將《論語》的〈衛靈公篇〉、〈公冶長篇〉、〈泰伯篇〉、〈鄉黨篇〉、〈先進篇〉、〈里仁篇〉、〈八佾篇〉等篇名組成爲文句，這則巧思的對聯，箇中大意是：衛靈公派遣公冶長，在鄉黨中舉行祭祀泰伯的典禮，祭祀之前，先進奉「李子仁」，再跳八佾舞。當主演極其熟練又快速地表演這些「對仔」時，只要唸過這些古書的觀眾，必然會被那些似曾相似的詞彙，及重新排列組合之後的語意所震撼。

（二）笑詼對

　　布袋戲口頭表演的「作對仔」，並不全然都這麼嚴肅掉書袋，有時卻是相當活潑生活化。「作對仔」是布袋戲相當重要的項目之一，大多不會單獨出現，而與其他文字遊戲一起出現。《六合魂斷雷音谷》，矮仔冬瓜與金鳳凰之間三次約束比賽來決定輸贏，其中就出現這樣的「對仔」。陳山林所灌錄的《南俠

〔註28〕此語音「kà」，可能黃俊雄一時口誤。國名或姓氏的「滕」，應念 têng（沈富進，1954：182）。

翻山虎》曾出現類似的「對仔」，內容略有差異處在註腳中說明。筆者記錄這
則作對仔的口頭表演如下：

> 金鳳凰：我來作一個對仔予你對。Hohⁿ，假使你若對會著，咱即閣
> 　　　　來講啦。
>
> 矮仔冬瓜：Hoh，按呢哦！
>
> 金鳳凰：然也。
>
> 矮仔冬瓜：Hohⁿ，按呢好哦！你作看覓咧哦！
>
> 金鳳凰：條直聽 Hahⁿ，因爲你拄即入來的時，我的洞口有兩欉荔
> 　　　　枝，有無？
>
> 矮仔冬瓜：有哦！有哦！Hohⁿ，兩欉荔枝（nāi-chi）生 kah 累累墜墜
> 　　　　（lúi-lúi tūi-tūi）。
>
> 金鳳凰：是啊！你條直聽 hahⁿ！雨打（ú-táⁿ）荔枝枝水滴，按呢予
> 　　　　你對啦！
>
> 矮仔冬瓜：Hahⁿ？「雨打荔枝枝水滴」，he 都是按呢：彼號雨佇咧拍
> 　　　　荔枝，抑荔枝的葉，he 水佇咧滴一下、滴一下，號做「雨
> 　　　　打荔枝枝水滴」。今（taⁿ），這欲對啥貨啊？
>
> 戀杉：抑我來共對啦！
>
> 矮仔冬瓜：大箍呆！你也會對？
>
> 戀杉：會喏！你閣講一遍！
>
> 金鳳凰：雨打荔枝枝水滴。
>
> 戀杉：風吹 koaⁿ-lān lān-thâu 搖。
>
> 矮仔冬瓜：啊！大箍呆，你按呢烏白講！
>
> 戀杉：按那烏白講？
>
> 矮仔冬瓜：按呢敢有對？啥物「風吹 koaⁿ-lān lān-thâu 搖」？
>
> 戀杉：抑都風佇咧吹 he 菅蘭〔註29〕（koaⁿ-lân）--無 hohⁿ？抑 he 菅
> 　　　蘭彼款頭咧搖咧、搖咧！
>
> 矮仔冬瓜：按呢有對抑無對？
>
> 金鳳凰：按呢有對啦！因爲我作此个「雨打荔枝枝水滴」，「雨」是

〔註29〕陳山林的演出版本「風吹柑蘭蘭頭搖」，似乎語音有些走調，他勉強將「柑蘭」
　　　　（kam-lân）解釋爲柑橘，不太通。

　　　　屬於水，水都愛對「風」；抑「雨打」對「風吹」，抑「荔
　　　　枝」對「菅蘭」。按呢有對啦。
　矮仔冬瓜：He！大箍呆，你實在有勢 neh！
　戀杉：抑我都佇 he 欲起來遐 hoⁿ，看 he 風佇咧透毋 hoⁿ，看 he 菅
　　　　蘭搖咧、搖咧，按呢「沙…！沙…！」抑我都共記起來哩咧，
　　　　按呢即有對。

這則「對仔」其實玩了一個語音的遊戲。口頭表演相當關鍵的，就是不侷限
在書面文字的意義，而轉向語音的自由聯想。

　　原本題目「雨打荔枝枝水滴」，對以「風吹菅蘭蘭頭搖」並無不妥，「雨」
對「風」；「雨打」對「風吹」；而「荔枝」對「菅蘭」；「滴」對「搖」，可說
是完全合乎「作對仔」的對仗原則。離開字面的意義，語音「chi」與「lân」
本身即有的性暗示，與男女性器官的語音相當接近。主演故意安排戀杉來對。
戀杉這個角色在戲劇中，本來就是大老粗的性格，書念不多，語音不太準確。
因為這刻板印象，他被矮仔冬瓜看輕說：「大箍呆！你也會對？」沒想到戀杉
的答案果然很勁爆。這裡容易造成語意誤解的原因，主要是違反臺語變調規
則（附錄一）。「菅蘭」原本應該唸成「koaⁿ-lân」，他卻唸成「koaⁿ-lān」，於是
接下來的「蘭頭搖」變調唸成「lān-thâu iô」，聽起來的語意「𡳞頭搖」，已與相
差十萬八千里。「對仔」的巧妙設計，讓原先來自「漢學仔先生」訓練之一的
嚴謹文字遊戲，在這裡卻完全被顛覆，而成為被開玩笑的對象。

四、科場問試

　　對於現代台灣人的經驗而言，考試幾乎是揮之不去的夢魘，從小學考試
考到大學，甚至出社會後，有的人可能還有公務人員考試在等著呢。而布袋
戲口頭表演稱為「科場問試」（kho-tiûⁿ būn-chhì），卻是以輕鬆幽默的方式來處
理。「科場」即考試的地點，「問試」指口試，或面試。

　　這種戲劇情境的口頭表演，可說是結合所有臺語的文字遊戲，無論是謎猜、
盤嘴錦〔註30〕（pôaⁿ-chhùi-gím）、作對仔、接龍等。黃俊雄表演的「科場問試」

〔註30〕　動詞的「盤」，本身就有轉換的意思，如旅途中換車，稱「盤車」，或一句話
　　　　從甲傳給乙，稱為「盤嘴舌」。「盤嘴錦」也叫「盤嘴花」，通常解釋為為小事
　　　　爭吵鬥嘴（董忠司，2001：1053；陳修，1991：1392），但思考其原意，將類
　　　　似的語言翻來覆去，傳來傳去，相當華語的繞口令。本文以「盤嘴錦」來指
　　　　稱布袋戲口頭表演中的繞口令。

可說是一絕，無論是人物的選擇安排，或最後令人出意料的結局，都是相當典範的口頭表演。筆者紀錄兩次的演出文本，一次是 2004 年 5 月慶祝總統就職的高雄晚會現場，另一次是 2005 年 8 月在宜蘭傳統藝術中心的表演。完整的「科場問試」應試者共有三個角色，分別是劇中的足智多謀的「劉三」、號稱「神琴魔醫」的「怪老子」，還有小朋友喜歡的「哈麥二齒」。因為整個演出篇幅太長，在此僅討論最後「二齒」應試的段落，由筆者紀錄如下（黃俊雄，2005）：

> 主考官：第三號柳春，二齒。
>
> 二齒：（打鼾聲）
>
> 將軍：咧考較（khó-kàu），講猶咧睏啦？第三號柳春入來！
>
> 二齒：啊！我來啊！（撞倒聲）又閣佇遐擋路！又閣擋咧！哦，你
> 　　　實在無…，無臭無 siâu--的 neh！你啦！
>
> 將軍：你是按那死狗春墓壙？
>
> 二齒：恁娘咧！我…，足要緊咧都著啦！
>
> 將軍：我共你講，你是按怎烏白蹤（chông）、烏白跳？未用哩！按
> 　　　呢失禮哦！
>
> 二齒：我哈麥跳龍門 neh！
>
> 將軍：這是咧考文--的，毋是咧考武--的？啥物跳龍門？戶碇都跨
> 　　　（hāⁿ）未過，閣跳龍門？
>
> 二齒：戶碇跨未過？我連跳二、三下予你看！來！『一！二！三！』
>
> 主考官：『第三號，其實…』
>
> 二齒：柑仔，he 我蓋愛。哈麥柑仔『吉士』。
>
> 主考官：『文章平常，不知口才如…，何？』
>
> 將軍：喂喂！你哪會攏恬恬？
>
> 二齒：He 哈麥講啥？我哈麥攏聽無！
>
> 將軍：阮主考官咧講「官語」。
>
> 二齒：He 遮呢熱（jòah），毋免寒（kôaⁿ）啦，he 未寒啦！
>
> 主考官：毋是，做官人有 he「官語」，「官音」啦！做官咧講--的。
>
> 二齒：哦…，哈麥做官咧講--的。
>
> 將軍：是啊！
>
> 二齒：He 我哈麥聽無！

將軍：聽無，你都共講「主考大人，你都講較白--的」。

二齒：哦…，我哈麥知。哈麥主考官，你哈麥放白--的，hah^n！

主考官：唉咿？

將軍：拜託咧！都毋是咧漏屎，閣「放白--的」。「主考大人，你講白話，我聽較有」，毋倘講「放白--的」，歹聽！

二齒：好！哈麥主考大人，你哈麥講白話，我哈麥聽較有；你若講 he 官語，我哈麥聽無。

主考官：你文章平常，不知口才如何？本官問，你就答。

二齒：好好好！哈麥來！

主考官：紅花白花秋菊牡丹花。

二齒：紅酒白酒竹葉烏豆酒。

主考官：哦…，你出嘴都酒，好酒！

二齒：你哈麥出嘴都花，你哈麥貪花！

主考官：唉咿…，烏白來！

二齒：抑無「花酒」「花酒」。你講「花」，我都講「酒」啊！

主考官：Hmh…，絕對！

二齒：絕對毋！

主考官：閣來！紅花未香，香花未紅，牡丹花又香又紅。

二齒：臭屁未響，響屁未臭，he 蕃薯屁哈麥響，閣哈麥臭。

主考官：唉咿…，無啥衛生！

二齒：抑你作「香」，我是欲對啥？「香」是對「臭」啊！

主考官：Hmh…，絕對！

二齒：He 絕對，無問題。哈麥閣來！

主考官：Hmh…，你此滿…，看你頭拄仔講話大舌大舌，抑此滿閣未 neh，hah^n。Hmh…，閣來，條直聽！「桌頂一个瓶（pân），桌腳一个盆，瓶跋落破，瓶破盆也破，毋知瓶拍破盆，抑盆拍破瓶？」

二齒：哦？你哈麥講較慢--的，好無？閣講一擺啊，我哈麥聽…，聽無啥清楚。

主考官：桌頂一个瓶，桌腳一个盆，瓶跋落去，瓶破盆也破，毋知瓶拍破盆，抑盆拍破瓶？

二齒：哈麥樹頂一隻猴，樹腳一隻狗，猴跳落來，猴走狗也走，毋
　　　知猴驚狗，抑狗驚猴？

主考官：唉呀！對得眞好！

二齒：哈麥絕對，無問題！

主考官：哦…，再來，天（thian）起頭，此个接龍啦 hoⁿ。接龍，
　　　你知 hoⁿ？

二齒：我哈麥知！Hmh…，我定咧接，he「一條龍」！

主考官：啥物？毋是咧跋繳（poáh-kiáu），啥物「一條龍」？

二齒：嘿嘿！抑無，「自摸」啦！

主考官：條直聽啦！

二齒：哦，做你來！

主考官：「天」起頭，「天」共收束，十六句。知 hoⁿ？

二齒：哦，我哈麥知。

主考官：天啦！

二齒：Hmh…，「天狗王誠大」。

主考官：啥物？

二齒：He 毋是麻雀，he 墨賊仔。

主考官：未使講跋繳！跋繳，零分！

二齒：啊！未使講跋繳！跋繳零分啦！好好，閣來！

主考官：天？

二齒：天地君父師。

主考官：師？

二齒：哦…，「輸四萬幾哦」。

主考官：啥？毋是按呢接啦！

二齒：哦？

主考官：第三擺予你機會！你烏白講，講跋繳你都零分！

二齒：哇！哈麥毋倘烏白講，烏白講零分！閣再來！

主考官：天？

二齒：天地君父師。

主考官：師？

二齒：師人而所學。

主考官：學？

二齒：學習百般奇武藝〔註31〕。

主考官：藝？

二齒：藝藝皆能通。

主考官：通？

二齒：通能遊四海。

主考官：海？

二齒：海曲一昇平。

主考官：平？

二齒：平家做好事。

主考官：事？

二齒：事事皆關心。

主考官：心？

二齒：心誠積德好。

主考官：好？

二齒：好事慶家門。

主考官：門？

二齒：門前生瑞草。

主考官：草？

二齒：草木又逢春。

主考官：春？

二齒：春明有春景。

主考官：景？

二齒：景上有添花。

主考官：花？

二齒：花中有君子。

主考官：子？

二齒：子孫孝。

主考官：孝？

〔註31〕　另據黃俊雄 2004/5/20 在高雄現場演出的版本「學習文武藝」，比較合乎五言一句的形式。

二齒：孝子哈麥感動天。

主考官：哈哈哈！

二齒：曾先生！曾…，曾老師是按怎？

主考官：傷暢啦！傷暢，暢一下煞縮筋（kiù-kin）。

二齒：保重！保重！

主考官：是啊！想未到，真正出意料之外。這叫做「人不可以貌相，
海水不可以斗量」。Hmh…，閣再來，條直聽啦！

二齒：好好！哈麥來！

主考官：可能離狀元接近。

二齒：哇！好好！我知，我知！我…，我哈麥多謝！

主考官：子張學干祿（chú-tiang ha̍k-kan-lo̍k）的上句，按怎念？

二齒：啊？「厝頂拍干樂」的接句？

將軍：知都知，毋知都講毋知。蹛遐想遐呢久，落第！

二齒：知之為知之，不知為不知，是知也，「子張學干祿」！

主考官：哈哈哈…！毋倘閣再暢。來人啊！本官放榜 hahⁿ，今年的
考試啊，此个柳春二齒--的第一名，九十八分。

二齒：啊？哈麥…，哈麥滿分啦！滿分啦！閣二分予我啦！主考大
人。

主考官：未用哩！你一句「哈麥」，扣兩分啦！

二齒：哦…，我有講「哈麥」？

主考官：是啊！愛扣兩分！第二名都是劉三，第三名怪老子。

整個結局相當戲劇化，原本觀眾最不看好，講話有一點大舌頭，總是要加一
句「哈麥」的「二齒」，最後竟然得到最後的狀元，相當令觀眾出乎意料。綜
觀這場「科場問試」過程，包括以下幾個段落：

（一）主考官講「官話」，二齒抗議聽不懂的段落。

（二）作對仔：主考官出題「紅花白花秋菊牡丹花」。而二齒對「紅酒白
酒竹葉烏豆酒」。主考官批評二齒「好酒」，二齒反諷主考官「貪
花」。

（三）作對仔：出題「紅花未香，香花未紅，牡丹花又香又紅。」二齒
對「臭屁未響，響屁未臭，he 蕃薯屁哈麥響閣哈麥臭」。

（四）盤嘴錦的對仔：出題「桌頂一个瓶，桌腳一个盆，瓶跋落去，瓶破盆也破，毋知瓶拍破盆，抑盆拍破瓶？」二齒對「樹頂一隻猴，樹腳一隻狗，猴跳落來，猴走狗也走，毋知猴驚狗，抑狗驚猴？」

（五）接龍：「天」起頭，「天」收束的迴文詩。二齒不時對以賭博術語，博君一笑，最後一口氣將十七句（劇中人物說的十六句，應是口誤）的詩句念出來〔註32〕。

（六）四書謎猜：「子張學干祿」的上句，延續二齒之前的考生劉三、怪老子所說的「厝頂拍 kan-lòk」的諧音笑話，最後在守門將軍無意間的閒談言語，卻令人出乎意料地幫助二齒想出答案。

　　整體看來，二齒應試的段落，並沒有出現怪老子應試所出的「四書對」，問《孟子》的「梁惠王令公孫丑，請滕文在離婁上，盡心告子學萬章」，對以《論語》的「衛靈公遣公冶長，祭泰伯於鄉黨中，先進里仁舞八佾」；也沒有劉三應試時，主考官所出的「玉帝行軍，雲旗雷鼓，雨箭風刀天作陣」，劉三對曰：「龍王夜宴，月燭星燈，山肴海酒地爲盤」。這些一板一眼的「對仔」，一方面文辭那麼艱深，不容易產生趣味，另一方面，字音的咬字不容易清晰，比較不適合二齒應試的回答。在此所選擇的段落，都是比較逗趣的文字遊戲，連盤嘴錦，都頗驚喜地成爲對聯式的題目，而最後二齒答出四書謎猜的謎底，就顯的更令人意外。

　　從語言的使用來看，科舉考試的口試場合，原本必須採用官方的語言系統，即「官話」。在主演的口頭表演中，也就是講北京話，或「國語」。二齒先是將主考官所說的「其實」，聽成「香吉士」的「吉士」。「香吉士」即美國出口至亞洲的柳橙「Sunkist」的中譯名，也是臺灣常見的市場柳橙汁相當知

〔註32〕潮調的籠底戲《一門三及第》，退休相爺李尚維，聘請老夫子「福仙」當義子許福生的家教。因許萬生才高八斗，雙方文鬥之後，福仙慚愧辭館。他們之間的文鬥與科場考試類似，其中除了作對仔，也有接龍，共十七句，如下（林鋒雄，1997）：「福仙：從天對起到天爲止。許萬生：好。福仙：天咧？許萬生：天是天下君父師。福仙：師咧？許萬生：師是人間所學。福仙：學？許萬生：學習百般武藝。福仙：啊那藝咧？許萬生：藝藝皆能通。福仙：通咧？許萬生：通能遊四海。福仙：海咧？許萬生：海曲有昇平。福仙：平咧？許萬生：平生做好事。福仙：事咧？許萬生：事事皆關心。福仙：心咧？許萬生：心情做得好。福仙：好咧？許萬生：好事慶家門。福仙：門咧？門中生瑞草。福仙：草咧？許萬生：草木要逢春。福仙：春咧？許萬生：春夏有三景。福仙：景咧？許萬生：景下有曇花。福仙：花咧？許萬生：花中有君子。福仙：子咧？許萬生：子孫都有孝。福仙：孝咧？許萬生：孝子感動天。」

名的品牌，二齒將主考官的語音聽錯，以爲是在談論他愛吃的水果。後來二齒實在聽不懂主考官所說的官話，還要求主考官「放白--的」，以純粹開玩笑的口吻來表達抗議：講官話聽不懂，講白話才聽得懂。語言系統之間的角力，以戲劇表演的方式傳達，經常是相當委婉。但有時主演也會比較直接表達抗議，如下：

> 主考官：『第三號！文章平常，不知口才如何？』
> 二齒：He…，你哈麥講啥？
> 主考官：我講「官語」。
> 二齒：今仔日足燒熱（jòah）--的，猶未寒（kôaⁿ）啊，你也咧講「寒語」？
> 主考官：阮做官的人攏愛講「官語」，hā 做「正音」--的啦。
> 二齒：Hò---，he「正音」我專門--的 lioh！我表演「正音」啦嘿！大人啊！你條直聽哦，嘿！「大人啊！你都聽予明啊！九空三空啊！簽落去，絕對著！」
> 主考官：啥啥啥…？
> 二齒：我哈麥太子hoⁿ，太子爺的童乩，he「正音」。
> 主考官：毋是啦，我是講「正音」是北音，抑恁是南音。恁南語，阮北語。
> 二齒：Hò！你講 he 北京語，我知啦！你來講「臺語」都好！
> 主考官：好，你的文章平常，不知口才如何，本官問，你就答。如果應答如流，會當提著滿分，狀元是你--的。
> 二齒：He…，he…，哈麥多謝！哈麥出題！

在這則表演文本中，二齒以爲「正音」，就是「太子爺童乩」所講的。而不知道「官話」就是「做官人在講的話」，也叫做「正音」。做官的人，所代表的就是一種權力，有權力的人講的話，經常都被奉爲金科玉律，所謂的「官大學問大」。做官的人講的「官話」代表著一種權威，甚至逐漸變成社會所默許的習慣。如同現在臺灣的語言環境，正式公開的場合，幾乎只有聽到華語，而聽不到母語。從語言權利的觀點來看，每個人都有權利要求別人尊重自己的母語。二齒抗議主考官所講的，是他聽不懂的語言。他抗議的對象，卻是代表官方權威的人物，可說是相當有道德勇氣。戒嚴時代爲了推行「單一語

言政策」，甚至立法通過〈廣播電視法〉，最後造成布袋戲以及臺語節目幾乎從電視上消失。這種臺語的環境長久被打壓的心理傷痕，或許已經成為時代所留下的集體潛意識。藉著「科場問試」，表演者可能自覺，或不自覺地在舞臺上以一種幽默的方式將他們心聲表達出來。

第二節　口角衝突的主題

　　戲劇危機所引起衝突之後的後續處理，主演者往往喜劇性的文字遊戲來解決。而缺乏巨大危機引起的衝突時，也就是戲劇處於比較平靜的狀況，如何由平常的言語對話，進入衝突的戲劇情境。如何藉芝麻蒜皮的小事，來製造言語的衝突，可說是布袋戲主演必須學習的演戲技巧之一。布袋戲的不同男女角色之間因口角而產生唇槍舌戰，如果間發生在小生、小旦之間，如時下年輕男女一般，有時引經據典，掉書袋子，有時也引用流行話語，甚至是漢學先生所熟悉的文言系統的語彙，聽起來是相當特殊的口頭表演。如果換成三花腳來表演，發生在歐巴桑與歐吉桑之間，卻又變成另一個極端，可能比較潑辣逗趣，甚至有時像潑婦罵街一般。據說南管布袋戲「鬍鬚全」擅長表演「老家婆」一上場，不開口便罷，一開口便廢話連篇（吳逸生，1975：102～103）。從口頭表演來看，這種廢話連篇的功夫，可說是來自平日吸收民間豐富詞彙的語言訓練。

　　布袋戲的表演欣賞，不只是場面的武打招式，或吐劍光，及後場的鑼鼓喧天值得欣賞而已。除了武力的對打之外，布袋戲還有一些唇槍舌戰的場景。現代人的母語能力可能僅止於尚可而已，甚至誤以為罵人只有用「三字經」而已，卻不知道罵人也可以這麼長篇大論。這些罵人藝術的言語，原本是布袋戲主演者「表現本事」的一部份。有的如文人雅士的言語，罵人不帶一個髒字，也有露骨地拿對方的身體特徵來譬喻，即「譬相」（phì-siùⁿ）的話語。屬於喜感的「譬相」，稍後再討論，這裡只討論庄腳人與讀冊人兩種類型的口角衝突。

一、庄腳人的言語衝突

　　戲劇衝突的發生，經常起因於細節的口角，因此如何讓角色與角色之間發生言語衝突，可說是布袋戲主演是相當重要的訓練。有時連一般人避之唯恐不及的庄腳人吵架言語，他們也都必須留意，重新加以組合鍛鍊，目的就

是要讓觀眾相信什麼樣的角色，自然就會講出什麼樣的口語。這些「口水戰」的場景以及臺詞，有時是相當逗趣的。

紀錄一則 2001/11/27 黃俊雄在臺南市的外臺表演，戲劇情境是「怪老子」至今未婚，「苦海女神龍」卻被他吃豆腐，雙方產生言語衝突（黃俊雄，2001）：

> 苦海女神龍：老子（nó-chú）！
>
> 怪老子：按那？
>
> 苦海女神龍：你敢有想欲娶？
>
> 怪老子：Hmh 唉？He 娶某，人生第一重要的代誌啦！講「大丈夫無妻，可比屋之無樑」。無娶某，親像一間厝，無 he 楹（ên）仔柱啦！未堅固，所以一定愛娶某。
>
> 苦海女神龍：抑你是欲娶啥*人？
>
> 怪老子：Hmh，若親像苦海女神龍遐呢嬌，閣遐呢勇敢、he 有氣魄，he 共娶起來做某，實在是未䆀！
>
> 苦海女神龍：唉吆！你實在 hoh，攏未見笑啦！
>
> 怪老子：按那？
>
> 苦海女神龍：你按呢 hoh，七孔 liap-liap 做一孔。七月半，人嘛共你借去擺古董。
>
> 怪老子：Hmh？抑你是咧外嬌啊？鱟桸〔註33〕（hāu-hia）面，雷公嘴〔註34〕；會食，未做產氣〔註35〕（sán-khùi）；上眠床，閣勢放屁！
>
> 苦海女神龍：唉吆！你 he 老大人，講話攏無修養。
>
> 怪老子：哈哈！無啦！作戲作戲，生本按呢講都著啦！

這是相當典型的場景，目的是為了醞釀布袋戲經常出現武戲的對峙氣氛，或拉近與觀眾之間的距離。當然主演也瞭解這些套語的威力，僅僅淺嘗即止，逗得觀眾哈哈一笑之後，就結束這個話題。被吃豆腐的一方嘲笑男人「老不修」，其貌不揚還以吃天鵝肉，另一方當然也不甘示弱，以更誇張的言語回敬，

〔註33〕「鱟桸」指以鱟甲做的桸勺，是舀水的常用器具。

〔註34〕《封神演義》的戲劇表演，「雷公」都是人形鳥身的固定形象。「雷公嘴」是用來形容人外貌的嘴形與鳥類相似，尖尖的。

〔註35〕指男女之間的親密事，如現代流行語所說的「嘿咻」。

如「七孔 liap-liap 做一孔。七月半，人嘛共你借去擺古董」、「鱟觚面，雷公嘴」等，幾乎都是布袋戲常見的固定套語，主演在最後突然自己跳離戲劇角色，讓觀眾意識到只是一場戲劇表演。

　　將言語衝突發揮到淋漓盡致的布袋戲，可能會讓我們瞠目結舌。筆者記錄一則劉祥瑞演出的《百草翁》。百草翁必須向脾氣古怪的「千古無情姑」借《蓮花化身譜》。一開始百草翁戲謔地稱呼對方「歐巴桑」而激怒對方，於是雙方一來一往地相罵。罵人，在此成為武力之外的另一種角力方式。紀錄如下（劉祥瑞，1990s）：

> 百草翁：哇！么壽！今（taⁿ）he 吐血吐茁啊！咱頭仔未曾看著，佇外口，想講都敢誠嬌咧？一下入來，坐佇蒲團遐。哇！這真正有影，講外穩都外穩。莫怪講啊，少年的時陣啊，嫁十三擺，坐十三擺的回頭轎。這真正有影講，若雞仔看著拍咯雞〔註36〕；狗仔看著吹狗螺〔註37〕；公路局看著，穩當無愛予坐。這真正有影都穩kah 誠功夫囉，么壽！是講煩惱伊啊！我來共見禮，目的都欲共借寶鑑耳。偎來！偎來見歐巴桑（おばさん）。歐吉桑（おじさん）佇東南派，專工來見歐巴桑。歐吉桑拜見歐巴桑。

> 千古無情姑：唉喲！你此个膨肚短命！你此个著死囝仔 che 哦！恁祖媽今年猶未嫁尪--的，是按怎共我叫歐巴桑？Hâⁿ？

> 百草翁：哦…，你猶未嫁尪--的咧 hioh？啊！歹勢歹勢！我都想講，若你的年歲 hoⁿh，差不多十三擔柴炕未爛的老雞母啊！我毋知影講，你猶未嫁尪--的，共你叫歐巴桑！抑是講清采啦！今仔日 hoⁿh，歐吉桑來到你的北關鳳仙島，拜託歐巴桑，你彼本寶鑑借我。該當 hoⁿh，無我會用錢共你買啦，抑你若毋賣阮，用錢共你租啦！按呢好--無？抑無，我會提一个予你押金啦！拜託拜託！

> 千古無情姑：唉喲！今仔日東南派啊，欲來共老身借此本《蓮花化身譜》。若用一个較緣投--的來，凡勢（hoān-sè）講啊，

〔註36〕雞母生卵時發出聲音，或被外物驚嚇到所發出的聲音。
〔註37〕民間傳說狗看到「pháiⁿ物」，就會「吹狗螺」。引伸為此人長得很醜，幾乎跟鬼一樣。

我若心情拄仔咧爽，看著緣投--的，凡勢我會借伊。
用共這 hohⁿ，七孔積積做一孔，纍堆（lûi-tui）分無
開，雷公面閣鶯瓠嘴〔註38〕；一暝睏著，是閣勢放屁
哦。抑干焦看著都礙謔（gāi-giȯh），一暝穩當打 lù 破
幾偌領草席。若這 hohⁿ，老身寶鑑毋借你啦！轉去
啦！轉去啦！換一个較緣投--的來啦！共恁 mē 死出
去啦！

百草翁：啥？抑 he *siȯ-nài-chit-kah*〔註39〕你啊！抑你實在有夠無意思
lioh！恁父入來，看著你這穬查某，恁父都毋敢共你嫌啊！
你見面啊，講我穬！我穬？哦好啊，干焦看著，人都怨嘆，
你閣共恁 mē 嫌穬！好！恁 mē 宛若共你嫌倒轉來，歐巴
桑！講實在--的啦，講話較客氣--的咧啦！若我百草翁共你
看看咧，嘿嘿！你這hohⁿ，大面神閣孝男面，早睏閣晚精
神啦！穬死死，毋好假大扮啦！若你的目睭濁濁（lô），頭
毛閣像關刀，鼻孔口兩麵蚵，面是若阿婆，看起來也若鬼
婆，腹肚閣若窯爐，猶閣敢出來烏白趖。恁 mē 看著都起
糟（cho），啥物人看著嘛未瘤哥。

千古無情姑：唉喲哩呀！你此个膨肚短命哦，路傍屍！腳骨大細肢
哦，放尿牽絲，沿路行你都沿路滴哦。無啊，你講老
身穬！恁祖媽問你啦，抑你是咧外婿？你是咧外婿？

百草翁：我 hioh？我通籠底干焦賰我此粒耳！講實在--的啦！

千古無情姑：唉喲！恁祖媽共你看起來，你講話有夠纍堆，規身軀
無洗哦，垃圾（là-sap）鬼；一身哦，像烏龜；目睭會
微微（bui）；人會生作槌槌〔註40〕（thûi）；面閣肥肥，
未輸 he 歐羅肥〔註41〕；兩支腳哦，干若草蜢腿；兩支
手哦，閣若金搝槌；胸崁仔閣若樓梯哦；一个腹肚閣

〔註38〕 「鶯瓠面，雷公嘴」，應比較合理。

〔註39〕 這句念得有些走音，似乎相當日文的「しょうがなぃ」，意思是説拿對方沒辦
法。

〔註40〕 形行人不知變通。

〔註41〕 「歐羅肥」是一種臺灣很有名的養豬飼料的品牌，據説可使豬隻長得肥又快，
由此引伸形容對方長得像豬那麼胖。

生一位；人閣若水鬼；一粒頭殼，金金滑滑哦，未古錐，閣若牛㞗蓑〔註42〕（lān-sui）咧。

百草翁：抑 he 三八查某哩啊！含此款土話，你罵會出來。好！欲罵都來罵！恁 mē 嘛未罵輸--人，講實在--的啦。若我共你看看咧，查某都你上未曉見笑。你的目睭閣若荔枝；耳仔閣若木耳；鼻孔閣像古井；鼻孔口閣漿青苔；面，挺好駛飛能機；兩粒奶閣若麻薯；腹肚，挺好做魚池；肚臍閣生佇 he 肚臍邊；抑若你的腳尻 hohⁿ，閣若豬肺；兩支手哦，閣若白鴿鷥；兩支腳哦，若竹鼓筷；講話哦，像蟮蟲仔佇咧吱，恁 mē 干焦聽著都病三年，病 kah 半小死。

千古無情姑：唉喲喂呀！你此个么壽囝，百草翁哦！你講話哦，有夠恍惚（hóng-hut），恁祖媽聽著都鬱卒！一下予你死定！

百草翁：擋咧！*Si-to-puh*〔stop〕！講實在--的，歐巴桑！歐吉桑佮你相罵規相罵哦，抑你今（taⁿ）輸我啦，你煞欲共 mē 用舂--的 hioh？Hmh 按呢你做人，啥物價值？

千古無情姑：老身佮你相罵，我欲哖有罵輸你？咱兩个算算咧無輸贏啦！哦百草翁哦，你哪會遐勢相罵？

百草翁：若相罵毋是咧彈--的啦！永過我踮佇「五崙峰」啦，山腳踮一个火雞母，恁 mē 連續佮伊罵三暝三日啦，伊宛若未罵贏我啦。按怎攏無要緊啦！寶鑑借咧啦，拜託咧啦，毋*愛按呢啦！

布袋戲常聽到消遣人的套語，如「十三擔柴炕未爛的老雞母」、「鸎瓠面，雷公嘴；一暝眠著，是閣勢放屁」，或「大面神閣孝男面，早眠閣晚精神」等，但很少全面展開「言語攻擊」。這個表演文本可說是集大成，例如形容對方的醜到極致的「雞仔看著拍咯雞；狗仔看著吹狗螺；公路局看著，穩當無愛予坐」，相當傳神地形容對方的容貌，不但連雞、犬都有意見，甚至公路局的司機也都嚇到。

有些罵人的言語都還押韻，如「你講話哦，有夠恍惚（hóng-hut），恁祖媽聽著都鬱卒！」，或「若你的目睭濁濁（lô），頭毛閣像關刀，鼻孔口兩麵蚵，

〔註42〕蓑，指毛或絲散亂的樣貌。㞗蓑，指雄性陽物。

面是若阿婆，看起來也若鬼婆，腹肚閣若窯爐，猶閣敢出來烏白趖。恁 mē 看著都起糟（cho），啥物人看著嘛未癡哥。」，或「你的目睭閣若荔枝；耳仔閣若木耳；鼻孔閣像古井；鼻孔口閣漿青苔；面，挺好駛飛能機；兩粒奶閣若麻薯；腹肚，挺好做魚池；肚臍閣生佇 he 肚臍邊；抑若你的腳尻 hoʰ，閣若豬肺；兩支手哦，閣若白鴿鷥；兩支腳哦，若竹鼓筷；講話哦，像蟮蟲仔行咧吱，恁 mē 干焦聽著都病三年，病 kah 半小死。」這麼長的言語，幾乎是一韻到底，好像機關槍，連換氣都不用。這可說是修辭學的「隱喻」，體現在民間文學的佳例。

一般人的刻板印象：鄉下村婦的罵人功夫應該是第一流的，如口語形容的「查某人相罵用 lé--的」。但這個表演卻將我們的認知完全顛覆，千古無情姑終於按耐不住，想要動手打人，顯然最後罵人比賽的總冠軍屬於百草翁。「君子動口不動手」，可說是罵人比賽的最高評判原則。表面上一來一往的唇槍舌戰分不出勝負，最後只要有人按耐不住想動腳動手，就表示此人該認輸了。

這種男女之間的口角，其實應是臺灣民間社會相當流行的「相褒」傳統。相褒（sio-po），並不見得是當事人之間的「互相褒獎」，相反的，比較接近鬥嘴的意思〔註 43〕。而以往民風純樸的社會氣氛，男女之間的吵嘴，有時反而有打情罵俏的味道。「相褒歌」通常是即興應對的，因應對方歌唱內容，臨時編造「四句聯」答唱，如此一來一往直到盡興，或其中一方詞窮而作罷。這種「相褒」傳統，如歌仔冊曾出現過的《問路相褒歌》、《採茶褒歌》、《對答相褒歌》、《清心相褒歌》、《男女相褒歌》、《覽爛相褒歌》、《男愛女貪相褒歌》、《黑貓黑狗相褒歌》、《汽車司機車掌相褒歌》、《方世玉打擂臺相褒歌》等作品。而「相褒」傳統放在布袋戲的口頭表演，真的令人大開眼界。詞窮失敗一方的千古無情姑，從原本極端討厭男人，到最後敗在百草翁手下之後，竟然開始對他產生好感，覺得百草翁越罵越合她的胃口，越有她的緣，甚至除了認輸，除了願意提供寶鑑幫忙之餘，還希望百草翁日後有空經常來看她，來陪伴她談天。最後的情節結局，確實已經有打情罵俏的味道。這是為什麼傳統的「相褒」傳統，經常總是發生在男女之間。雖然是鬥口，卻多那麼一點情愛的味道。車鼓戲《桃花過渡》，可說是由褒歌形式發展成戲劇表演的原

〔註43〕 相褒，俗稱「現喙反」（hiān-chùi-péng），參加「相褒」的人必須即興作詞，對方一褒過來，這邊要馬上褒過去，褒不回去便輸了，因為是即興作詞，必須馬上回應，所以難度很高。（洪惟仁，2001：14；陳龍廷，2012）。

始典型，屬於旦、丑二腳的小戲，由桃花姑娘與撑渡伯以相褒對唱。一開始相方約定如下，當撑渡伯說：「汝若褒輸我，都愛予我做某。」桃花答：「抑我若褒贏，汝都愛叫我一聲阿娘」。由此可知，這類型的口頭創作有競爭、也有打情罵俏的意謂。

臺灣文學中以庄腳人言語來創作〈嫁妝一牛車〉、〈人生歌王〉等作品，而享有盛名的王禎和（1940～1990），他坦率承認自己喜歡與小人物呼吸同樣的空氣。王禎和曾在一篇名爲〈永恆的尋求〉的序文中提到，從童年時代開始，他就對於民間言語的生動活潑，及民間語彙想像力的豐富、組合力的精妙，經常感到又驚奇又感動。因此只要有機會聽到年紀稍長的人講起臺語，他如果沒辦法正式聽，就想辦法偷聽。王禎和如果還有機會聽到布袋戲這些「相褒」傳統的言語，必然會如他所說的「像貓一樣豎起耳朵」，聽得入神。

二、讀冊人的言語衝突

同樣是男人與女人之間的戰爭，而年輕角色男女的罵人藝術，一來一往過招的姿態，卻較像文人雅士。

在此引黃俊雄《六合魂斷雷音谷》的例子。戲劇的情境是「秘雕」，是打扮成販賣珍珠的商人，在酒樓中遇上奇女子「文玉」。在初次見面的情況下，彼此之間由原本的陌生產生的誤解，因而展開一場唇槍舌戰。最後不打不相識，在互相瞭解對方的人格之後，竟然也成爲彼此的知音。紀錄如下：

> 秘雕：賣面無賣身？我毋信。盈暗無論如何，你愛俗我此个好額人
> 　　　同床共枕！
> 文玉：唉…，人客！你毋倘強迫我！我今仔日會來共你陪酒，此个
> 　　　是三聲無奈啦！
> 秘雕：是按怎講嗎？
> 文玉：因爲…，因爲…
> 秘雕：哈哈哈！我知影！你表面上講你的清白，實在你是一個眞糊
> 　　　塗、眞濫擅（lām-sám）的女人啦。
> 文玉：唉！你 nái 共我看 kah 遐-nih 下賤 neh？
> 秘雕：當然你眞下賤。竹本無心，外何生其節（chat）？
> 文玉：蓮雖有孔，不染沈泥。
> 秘雕：林深竹密，樵夫（chiâu-hu）不能下手嗎？

文玉：水清魚現，漁翁，你毋倘無心啊！

秘雕：哦！查某囡仔，你閣有讀書 neh，hoⁿ！出口成章〔註44〕啊！
Haⁿ？按呢好，有對手。條直聽 hahⁿ！有美玉於斯韞匵而藏諸
（Iú-bí-giók i-su un-tȯk jî-chông-chu），求善賈而沽之（kiû-siān-kè
jî kó--chi）？

文玉：沽之哉（Kó chi chài）！沽之哉！吾待賈者也（Ngô͘ thāi-kè chiá-iā）。

秘雕：你都愛真好價，即欲賣嗎？

文玉：著啊！

秘雕：Hmh hmh…，暗喜金鳳結同心，有人于歸如瑟琴。將來紅顏
不孤有，共期偕老爲知音。

文玉：奴尚不解凄涼味，自忍于心不存孤。願隨雞飛而大死，莫將
有憾負桐梧〔註45〕。

秘雕：啥物意思？啥物意思？

文玉：嫁予雞，

綴雞飛；

嫁予狗，綴狗走；

乞食，共伊揹 ka-chì 走。

我絕對無欲趁人客啦！（哭聲）

秘雕：哦！恬恬！恬恬！我都是欲共你諷刺。我欲共刺探，看你有
堅貞（kian-cheng），抑無堅貞啦？Hmh…，按呢貞潔。

昔日臺灣的聲色場所，日治時代稱爲「藝旦間」，戰後稱爲「酒家」、「茶店」，
現代則可能叫做「Pub」或「KTV」。早年臺灣的藝旦，大都是出身自窮苦人
家的養女，從小被賣進藝旦間訓練。有的學會南管，甚至會唱北管、京劇等
戲曲技藝。然而即使號稱「藝旦」，有時也可能注重情色勝過戲曲技藝。從這
種歷史背景來看，當戲裡的文玉堅持自己是「賣面無賣身」，也就是只陪唱歌、
喝酒，並不陪睡，卻遭到別人的懷疑。而秘雕卻故意挑剔她表面上強調自己
的清白，事實上卻是個「真糊塗、真濫擅的女人」。接著開始以文辭消遣她說；

〔註44〕「出口成章」全部念文言音是 chhut-khió sêng-chiang，但這裡卻將「口」唸成
白話音 kháu。

〔註45〕原語音「bȯh-chiong iú-hàn hū tông-gō」，似乎沒有比較合適語意的相對應漢字，
姑且存疑。

「竹本無心，外何生其節？」沒想到對方很快回應說：「蓮雖有孔，不染沈泥」。如此一來一往，甚至連《論語》〈子罕篇〉子貢問孔子的對話，都當作唇槍舌戰的武器。子貢與孔子對話的引用及影射，可說是由女主角的名字「文玉」所引發的。秘雕引用《論語》的對話來質疑她：有一塊美玉在此藏在櫃子裡，到底是否要要找個識貨的商人才賣掉呢？文玉卻回答說：她必須等待好價錢才要賣。最後論戰的雙方各自吟詠一段詩詞，聊表心意。秘雕的詩句暗示如果彼此互相欣賞的話，或許可以期待共同的未來。而文玉則堅持她內心的等待，日後一定會找到她的「真命天子」嫁了。而最後引用臺灣諺語：「嫁予雞，綴雞飛；嫁予狗，綴狗走；乞食，共伊揹 ka-chí 走」，反而相當清晰傳達出她對意中人的堅持與婚姻的嚮往，可說是昔日傳統的臺灣女性的心態。很有趣的是，論戰的主題是女性應否對婚姻的貞潔，及從一而終的態度，但論戰的場所卻是酒家。是否意味著即使在最污濁的地方，也存在著一股堅持理想的清流？或這只不過是讀冊人一相情願的浪漫幻想，放眼現實卻形成強烈的反諷？

　　從《六合魂斷雷音谷》的上下文看來，主演者似乎有意將這段次情節（subplot）處理成主要情節（major plot）的隱喻〔註46〕。文玉曾經夢到皇帝駕臨這個小鎮，而她也堅持等待生命中的「真命天子」，甚至被消遣說為什麼對老男人比較有興趣，而不是年輕英俊的少年時，她仍然堅持她的夢想。這齣戲的「皇帝」，可說是一種理想的象徵，原本處在士氣低迷的群俠，因「皇帝開金口」而改變命運，就連文玉也因此而擺脫悲慘陪酒的命運。這可說是臺灣民間藝人面對生命逆境的一種樂觀態度，人因夢想而偉大，如這齣戲文玉的夢境，最後終於有實現的一天。從整齣戲劇的觀點看，這場言語衝突的場景，就不僅是處理對於女性貞潔的辯證問題而已，而是包括「秘雕」在內的群俠，對於自己是否堅持理想的隱喻。如果連文玉處在逆境，仍能保有樂觀的態度，那麼號稱俠客者，誰還能有悲觀的權利？如此一來，雙重情節（double plot）的次情節，被當成了一種隱喻。

〔註46〕　一般都認為臺灣布袋戲慣用多線情節，但是筆者認為那仍然是從雙重情節結構發展出來的。在戲劇史上，中國的南戲傳統，及英國伊莉莎白時代的戲劇出現相當多雙重情節的作品，最著名的就是莎士比亞（William Shakespeare, 1564～1616）的作品，通常次要情節，都是當作主要情節的對比。

第三節　武戲叫戰的主題

布袋戲的武戲，除了強調「大花腳」（tōa-hoe-kioh）的「尪仔架」（ang-á-kè），及各式武器的對打招式之外，必須要塑造風雨欲來的氣氛。武戲的衝突、對打，可說是最後「不得不」的結果，而對打之前的心理動機是相當值得思考的。對立的雙方往往透過言語而產生衝突，言語的衝突過程，無論是試圖以理服人，或以言語的氣勢壓人，可說是布袋戲口頭表演相當重要的訓練之一。武戲之前的言語衝突，有時不僅充滿挑釁的火藥味，也有可能語帶幽默詼諧，但顯然相當不同於文戲的口角。後者可能講完就沒事，而這裡角色的言語衝突卻是真正武力衝突的開端，可簡稱為「叫戰」（kiò-chiàn）。

布袋戲處理叫戰的場景，可分為直接、間接兩種方式，分述如下：

一、直接叫戰

直接叫戰，即由交戰的雙方臨陣叫罵，可說是最常見的武戲主題，尤其是「劍俠戲」或「金剛戲」的武打場景數量非常多。但如果雙方展開較勁之前的對話，總是千篇一律，容易讓人生厭。

最簡短的直接叫戰的言語衝突方式，應該就是直接了當說「來者何人，報名受死」，或「留名納命--來」，雙方報上名之後，就開始施展絕技對打。如2002年在宜蘭傳藝中心布袋戲匯演的《萬點紅》所展現的對峙場景（廖文和，2002）：

> 妖道：臭小子！貧道暗算聖俠，焉敢阻擋去路？報名受死！
> 大勇俠：豈不識？除奸掘惡，替天行道，毋驚惡勢力。人人稱呼我
> 　　　　最勇敢的人，叫做「大勇俠」。姓孟，名致勝。
> 妖道：真臭屁！意思你有夠猛、有智慧，閣會勝利。大勇俠，你上蓋
> 　　　　勇，貧道毋相信。注意，三道氣功發射，你性命就烏有囉！

這樣的叫戰方式相當簡短，有其簡明扼要的優點，但從另一個觀點來看，卻也正是其缺點，因其簡潔就不可能作更深刻的描述。如果雙方的衝突，僅止於表面言語的衝突，而缺乏強烈的戲劇動機，缺乏情感深度，那麼讓觀在整齣戲看完之後，很難會留下深刻的印象。從上述對話，觀眾只大致知道主角的名字，及雙方發生衝突的動機在於「大勇俠」的封號，讓對方覺得臭屁。但這種衝突的能量，是否能夠累積到雙方非得發生武力戰爭的地步，似乎還有加強的空間。

（一）《忠勇孝義傳》的範例

對話較複雜的叫戰場景處理，雖然比較費時費力，但其中對話所蘊含的訊息，及衝突的能量，顯然比起前者要強烈得多。雖然對話的篇幅稍長，但主演者的想像力比較容易在言語衝突中展現。以《忠勇孝義傳》為例，那時外號「雲州玉聖人」的主角還不叫「史豔文」（Sú-Iām-Bûn）而叫「史炎雲〔註47〕」（Sú- Iām-Hûn），這個「站頭」的主題之一是〈桃花山英雄結義〉。史炎雲與書僮庸兒（Iông-Jî）從桃花山腳下經過，正好遇上桃花山的土匪搶劫，他們之間的對話如下（黃俊卿，1960s）：

庸兒：萬事拜託！借過咧！

李彪：慢且！

庸兒：擋路？啥物人物？

李彪：桃花山的第二寨主李彪（piu）！對此个所在經過，買路稅留咧，萬事皆休啊。

庸兒：愛錢啊？

李彪：著！

庸兒：哈哈！錢（chhiân）〔註48〕太多咧，恐驚你無夠性命耳耳！來來來！佮毋成囝仔拚一下看覓咧！一定欲予你三字「土」排做伙，土土土！

李彪：胎毛未乾的小子（siáu-chú），死棋到位！

庸兒：拜候啦！

（音樂過場）

史炎雲：青天白日，擋住去路，群賊！通報名姓！

范應龍：大寨主范應龍。留名（liû-bêng）！

史炎雲：雲州玉聖人。朗朗乾坤，清平世界，敢圍住陸路的行劫。好好聽我善勸，自今以後，改過前非。猶毋倘蹛此號所在

〔註47〕 參見《雲州大儒俠史艷文圖鑑典藏特集》（遠景，1999：17～18）。筆者回頭欣賞黃俊卿1960年代鈴鈴唱片行灌錄的《忠勇孝義傳》，才發現他確實稱 Sú Iām-hûn，與我們所熟悉的 Sú Iām-bûn 只有最後一個子音有差異。對於以聽覺取向為主的戲劇觀眾而言，兩者其實並沒有很大的差別。

〔註48〕 這裡同時展現「錢」的白話音與文言音：chîⁿ與chhiân。《彙音寶鑑》認為「錢」文言音應該念 chiân（沈富進，1954：43），但是目前一般大都唸成 chhiân（陳修，1991：396）。

　　　　　　作賊，我史炎雲猶可以饒你的活命。如若不肯，難脫我的
　　　　　　純陽手。
　　范應龍：有啥物能力？盡量拜候！

叫戰場景的對話，除了製造雙方衝突的氣氛之外，還有就是營造戲劇角色的
性格。「庸兒」屬於「囝仔腳」，言語可以比較生活化，如日常生活會話所說
的「萬事拜託！借過咧」。但也可以比較俏皮，雖然是個小孩的身份，卻還說
對方是「毋成囝仔」，或以消遣對方的語氣來說：「錢太多咧，恐驚你無夠性
命耳耳」。相對的，主角「史炎雲」屬於生腳，類似讀書人的形象，要有一點
出口成章的口吻，因此對話比較多如「青天白日」、「朗朗乾坤」之類的成語。
從雙方衝突的對話，也顯露「史炎雲」並非愛好打殺的人，而是勸對方改過
向善的性格。可見擅長口頭表演的主演，可以將這種幾乎千篇一律的對話，
變成有更豐富的內涵，甚至是更複雜的戲劇性的反諷。

（二）《五美六俠》的範例

　　劍俠戲的武戲場景相當多，因此如何製造角色之間的言語衝突，可說是主
演必須下功夫的地方。《五美六俠》的按君大人李文英，率領大隊人馬前往江西
平定叛亂，中途土匪夏彪攔截。異身俠與夏彪之間的對話如下（黃海岱，1999）：

　　夏彪：喂！
　　異身俠：啥 siâu？
　　夏彪：狗奴才，來遮，放過買路錢！
　　異身俠：啊？愛買路錢哦？哈哈哈！毋成囝仔閣大卍羨 〔註 49〕
　　　　　　（lān-sui）。
　　夏彪：狗奴才咧講啥貨？
　　異身俠：我共你講啦！按君大人到位 lioh，七省的經吏到啊，應該
　　　　　　你都愛受縛，來予問罪。會當改過，予你免死；未當改過
　　　　　　啊，砍頭之罪。青天白日敢剪徑 〔註50〕！

〔註49〕 羨，指毛或絲散亂的樣貌。羨，指雄性陽物。《臺日大辭典》「工夫羨生菴」
　　　　指過份保護、過份恭敬的意思。「大生羨」，指愛吹噓、愛澎風的意思。
〔註50〕 剪徑（chián-kèng），應該是布袋戲主演吸收自章回小說的詞彙。如《水滸傳》
　　　　〈第四十二回 假李逵剪徑劫單身 黑旋風沂嶺殺四虎〉中的對話：「你這廝是
　　　　甚麼鳥人，敢在這裡剪徑？」

夏彪：哈哈！眞好眞好！全部咧閘（chàh）官軍啦。按君即好，好
　　　好將過內底買路錢攏提來。應用的物件留咧，放你過山。

異身俠：若-毋咧？

夏彪：將你一齊除滅！

異身俠：敢無聽龜咧哮〔註51〕？幹恁老父，你捌我--無？

夏彪：啥人？

異身俠：憲兵部長。

夏彪：憲兵部長？

異身俠：是啊！異身俠，khin-sàn〔金さん〕，金仔馬標！

夏彪：啊？異身俠？

異身俠：江湖捌聽*見--無？捌聽*見六俠？

夏彪：哈哈！無希罕。來！錢來，上好！

異身俠：若無咧？

夏彪：若無哦，插翼（sit）難飛！

異身俠：He都誠拚咧！拚拚即打算。若拚輸，隨在你；抑你若輸我，
　　　　跪咧受縛，掠到公堂予阮七省按君問罪。

夏彪：何必誇口！放過馬來！

這可說是典型黃海岱式的言語幽默，多少可以看到他所擅長的「三小戲」的雛形。異身俠是「三花腳」，這位自稱「金さん」的「老烏狗」，言語的運用相當自由，在雙方互相叫罵聲中，會出現像「毋成囝仔閣大生蕤」、「敢無聽龜咧哮」等相當土白生動的言語在「按君大人」、「七省經吏」等古老的詞彙之外，突然冒出「憲兵部長」之類的現代流行話。黃海岱的表演特質，就在「做活戲」的即興表演。在看似千篇一律的情節中，可以穿插活潑的對白，使得這樣劍拔弩張的對峙局面，顯得充滿俏皮輕鬆的氣氛。

（三）《六合魂斷雷音谷》的範例

　　布袋戲金剛戲的世界，壞人總是在其中一個失敗之後，又換另一個新的角色上來，總是號稱某地的「煉氣士」（liān-khì-sū），似乎永遠沒有完了的時候。

〔註51〕龜，常有負面的意思，無論是「龜蕤」、「龜怪」、「龜龜鼈鼈」等。「敢無聽龜
　　　咧哮」，不但暗指那些負面的意思，也拐個彎罵對方虛華不實。就現實而言，
　　　烏龜是不會發出叫聲的動物，若說「龜咧哮」，即現實中不存在的東西。

因此如何讓觀眾維持新鮮感相當重要，不但名號要取得稀奇古怪，如「參眼參腳參臂人」、「白骨怪人」等，木偶造型也隨之千奇百怪，更重要的是武戲之前雙方叫戰的對話處理也要有所變化，如下（黃俊雄，1979）：

鐵拐半仙：慢且！慢且！圍來！呵呵！天堂有路你毋去，地獄無門闖（chhòan）進來。你捌我-- 無？

六合：哦…？此位先輩高姓尊名啊？

鐵拐半仙：貧道乃是南海的煉氣士，鐵拐半仙岳眞人啦。

六合：哦…，岳眞人擋住去路，有何指教嗎？

鐵拐半仙：指教？哼！六合，你較早佇 he 風波城拍死眞濟人！Hân？你是一个詐善僞君子！我都欲爲遮的西南的道友報仇啦！用我此支鐵拐，拍一下，予你全身三百六十五骨節，齊碎。

六合：冤家宜解不宜結！小不忍則亂大謀〔註52〕！無論你死我傷，攏是悲哀啊！

鐵拐半仙：何必多言！注意來！

秘雕：哈哈哈哈…！稍等咧！有我秘雕佇此个所在，任何人欲當磕著六合禪師的身軀！啥人若去拔著禪師一支的汗毛者，地皮起三寸，九族盡殺！

鐵拐半仙：Hân？哦！你也夯拐仔，我也夯拐仔。我此支是鐵拐，抑你彼支是木拐耳耳。哼！我此个鐵拐半仙好腳好手，來拍輸你此个五不全，隱龜短命，抑我毋死，嘛著大病！

秘雕；哈哈哈哈…！山中有直樹，世上無直人。

鐵拐半仙：Hóh hóh，你此个自圓其說！Hahⁿ？山中，有彼款樹仔直-- 的，抑世間人無彼款條直-- 的？你咧無條直啦！你 he 隱龜，永遠未直！

秘雕：何必多言啦！六合禪師，你趕緊閃開！

六合：秘雕，千萬毋開殺！開殺戒是非常的可悲也。

秘雕：此个時陣毋是咧講經傳道，你趕緊共伊閃開！

六合：我知！

〔註52〕《論語·衛靈公》：巧言亂德，小不忍則亂大謀。

秘雕：來來來，我的木杖斥（thek）你的鐵拐！

鐵拐半仙：毋*愛走！

秘雕：鬥手！

以上對話至少可分為兩個段落，是「鐵拐半仙」向「六合」挑戰，還有「秘雕」路見不平，從中阻擋「鐵拐半仙」的去路。前者主要表現「六合」忍辱的個性，還有他讀書人的氣質，出口成章的文言音較多，如「冤家宜解不宜結」，「小不忍則亂大謀」等，後者則是展現秘雕疾惡如仇的個性，隨口拈來「山中有直樹，世上無直人」，其實是引用臺灣民間常見的《昔時賢文》。對於世人缺乏率真個性，所謂的「無條直」的尖銳批評，卻正好被「鐵拐半仙」拿來諷刺「秘雕」的駝背，嘲笑對方「隱龜」，「永遠未直」。這種人身攻擊，很容易激怒對方，原本可能在「六合」勸說之下就息事寧人的爭吵，成為一發不可收拾的戰端。布袋戲的挑釁話語，現在幾乎都已經成為臺灣各劇團延續使用的固定套語，如「天堂有路你毋去，地獄無門闖進來」，或信奉武力至上的壞人，喜歡嗆聲說只要他一旦動手，則對方的下場恐怕不堪想像：「拍一下，予你全身三百六十五骨節，齊碎」。

　　如此不但表現出戲劇角色的人格特質，而且製造戲劇性的反諷。一方面是「鐵拐半仙」的鐵拐對上「秘雕」的木拐，另一方面是身體健全的惡棍，對上身體殘缺的俠客，結果反而是鐵拐輸給木拐，由後者贏得最後的勝利。這種戲劇性的處理，展現比較豐富的內涵，很輕易地讓觀眾在潛移默化之下，就完全瞭解「人不可貌相」這樣的道理。

　　布袋戲常見的叫戰場景，因主演學識涵養的差異，而有不同的藝術呈現方式。從最簡短的言語衝突，到展示人物性格與言語挑釁的對話，甚至更複雜化為兩段落，以層次漸進的手法來處理衝突場景。人物衝突的場景，如果不僅能刻畫人物的性格，甚至能夠做為戲劇的反諷。從戲劇表演的美學而言，負載著深刻而複雜意涵的對話，比起膚淺表面的對話更令人讚賞。

二、間接叫戰

　　間接叫戰，即由第三者通報而傳達挑戰的意圖。開戰的雙方並沒有直接面對面產生言語衝突，而是透過第三者傳話之後，雙方才開戰。間接叫戰，較缺乏直接的言語衝突，而產生另一種比較輕鬆有趣的氣氛。

　　間接叫戰的重要人物，並非決戰的雙方，而是傳話的第三者。傳話者通

常是情節中相當重要的串場人物，或語帶俏皮的甘草性的角色，如《南俠翻山虎》中的「江湖人」，或黃俊雄創造的「矮仔多瓜」等。舉《六合魂斷雷音谷》為例（黃俊雄，1979）：

> 矮仔多瓜：秘雕啊！害啊！害啊！Hoh！外口有一个三蕊目睭--
> 的，抑閣三肢腳，抑閣三肢手 lioh。抑講伫遐挑戰啦，
> 講「秘雕！早出來，早死；慢出來，慢死。」
>
> 秘雕：啥物？參眼參腳參臂人？武林烏道真出名！按呢好，我出來
> 佮伊拚。
>
> 矮仔多瓜：Eⁿ…，抑毋過按呢 nih！你的腳即肢半耳，抑手嘛肢半，
> 抑目睭嘛的時陣爾一蕊半。哦，攏減一半，欲佮伊拚，
> 若有法度？
>
> 秘雕：你此滿咧講啥？
>
> 矮仔多瓜：彼个目睭，按呢大細目，抑續落去長短腳，毋過的時陣
> 耳香橼（hiuⁿ-iⁿ）手，都按呢減人一半，這拚穩輸。
>
> 秘雕：矮仔冬瓜，你免講 he？無意思！
>
> 戀杉：我共你講啦！矮仔冬瓜！人秘雕雖然減一半，抑毋過人伊加
> 一 phok，按呢補過啦！這有拚咧啦！
>
> 秘雕：哈哈哈！
>
> 矮仔多瓜：拚落*去！拚落*去！

藉由「矮仔多瓜」的傳話，讓觀眾瞭解挑戰者是個多麼奇特的角色。以口頭表演而言，如果以直接方式的叫戰，只是報上他的名字（無論再長的名字，如「參眼參腳參臂人」，可能在二、三秒鐘就會唸完），可能效果比不上這種透過第三者的間接描述，讓人來得印象深刻。間接式的描述，不但可以隨著談話者的情緒而放慢速度，也可以不斷擴增，甚至誇大聽聞的內容，以加深聽眾的想像空間。間接叫戰所傳達的，不只是訊息而已，不只挑戰者名號，而且傳達了擔心緊張的情緒，經過渲染而感染給觀眾。他擔心的是來者是類似三頭六臂的角色，不但三隻眼睛、三隻手臂，而且有三條腿的人物。相對的，「秘雕」則是眼睛一大一小，腿一長一短，而手也捲曲不直等。這些言語雖沒有消遣人的意味，但光以數量來看，「秘雕」都比對方少一半，如果真正比體力的話，一定會輸。「戀杉」率直的話反而較能安慰人：「秘雕」比別人多一個優點，即「加一 phok」。

這句是雙關語式的俏皮話，一方面指「秘雕」駝背的造型，確實背部有明顯的突起，「加一 phok」。另一方面，生活台語在質疑一個口若懸河的人時，可能說「是眞博，抑假博？」而「秘雕」當然是「眞 phok」。「矮仔冬瓜」帶來的緊張氣氛，突然之間被這樣的俏皮話沖淡了不少。間接叫戰，有時可以從一種幽默的觀點，讓觀眾瞭解人不可以看輕自己。在看似毫無希望的情境底下，也可以找到讓自己鼓足勇氣前進的「理由」，即使那樣的理由，只不過是言語一轉而已。

間接式的叫戰場景，比起直接的方式，似乎少了一點劍拔弩張的緊張衝突，反而充滿緩和俏皮的氣氛。

第四節　小　結

布袋戲的典型場景或主題，至少包括文戲、武戲、笑詼戲等。本章討論的是文戲、武戲，及口角衝突等主題。

「文戲」可分成文字遊戲、口角等兩大主題。文字遊戲，包括臆謎猜、猜藥味、作對仔、與科場問試等四種。布袋戲將謎猜、猜藥味、作對仔等文字遊戲，融入戲劇的情節。通常出現的場合正當群俠面對情境上的難題，無論在戰場上尋求援助、尋找拯救傷患的高明醫藥等，被要求援助的對象對群俠提出的難題。布袋戲的「作對仔」口頭表演，很可能是源自「漢學仔先生」訓練學生的基礎課程之一。而「猜藥味」，其實反映了早年臺灣民間對於生活周遭隨手可得的草藥知識的熟悉程度。當整齣戲已經出現過多的武戲，偶而運用文戲的場景來調整情緒，不至於太多單一的打殺場景。有時文字遊戲的場景可說是互動式的觀眾參與，而不是單面向的訊息傳播。

口角衝突的主題，指不同腳色之間的口水戰，包括庄腳人，或讀冊人之間的言語衝突場景。這些言語使用，其實對應到臺灣社會不同階層的言語，及生命的價值。一種是屬於男女之間打情罵俏的「相褒」的傳統，另一種屬於讀書人引經據典的傳統。從男女價值觀的觀點，前者相當開放，各憑伶牙俐齒的本事，女性不見得會輸給男性的對手，而後者反而比較保守，強調的是女性的貞潔。

「武戲」方面，僅討論直接進行戲偶過招之前的「叫戰」主題。依照形式可分為直接叫戰，及間接叫戰兩種。從表演文本的分析可發現：直接方式的言語口角，可以製造衝突的氣氛，而且可以很快地表現主要戲劇人物的性格特質，甚至產生戲劇的反諷。而間接式的叫戰場景，比起直接的方式，似

乎少了一點劍拔弩張的緊張衝突，反而充滿緩和俏皮的氣氛。戲劇重點不在交戰雙方，而是傳話的第三者，他如何將挑戰的話語傳過來，通常這種角色在戲劇中是相當重要的串場人物，或甘草型的角色。

第六章　笑詼戲的主題分析

　　「笑詼戲」（chhiò-khoe-hì）是布袋戲中廣受歡迎的主題，也是穿插在整齣戲當中的重要戲劇元素。笑詼戲主要的目的，是爲了讓觀眾的情緒緩和、或調和過於緊張的戲劇張力。擅長笑詼戲的主演所創造的喜劇角色，甚至會成爲重要的風格印記，幾乎他所演過的每一齣戲，都少不了這些甘草型人物。如黃俊雄創造的「矮仔冬瓜」、「戇杉」、「千心魔」、「眞假仙」等，幾乎他所有作品都看得到這些喜劇角色的蹤跡。南投世界派的祖師陳俊然所創造的「無價值的老人」相當成功，而其承傳門徒幾乎都很擅長這個三花腳。陳俊然灌錄的每齣布袋戲唱片，幾乎都有這個角色。相反的，某些不再出現這個喜劇人物的戲齣，據說相當失敗，其原因或許就在於觀眾找不到他們所熟悉的角色聲音及笑料。

　　這些典型的類型人物爲什麼好笑？最早提出喜劇理論的學者是希臘時代的亞里斯多德，他認爲喜感是一種醜，此種醜並不引起痛苦或傷害（姚一葦，1966：62）：

> 可笑爲醜之一種；可以解釋爲一種過失或殘陋，但對他人不產生痛
> 苦或傷害，例如面具之能引起發笑，係由於某種醜或扭曲而不招致
> 痛感者。

亞里斯多德的喜劇理論是建立在卑抑（degradation）的基礎上，指一種貶低的形象、言語或行爲。所謂的「惡於常人」，不僅是外型的低下，而且是心智的低下，所以是醜的。這種理論特別適合解釋希臘時代流行的新喜劇，布袋戲的喜劇人物，確實有許多的是屬於亞里斯多德所謂的卑抑性格，因爲好色、

貪小便宜等個性的弱點而造成的喜感,喜劇的場景,最重要的就是由這些類型角色所引發。但有些人物,如百草翁,除了「好人奉承」的性格勉強可說是一種性格小缺點之外,而慈悲爲懷、忠厚老實的性格,說不上屬於「惡於常人」的類型。

而法國哲學家柏格森(Henri Bergson, 1859~1941)於 1900 年所發表的《論笑》(*Le rire*)所提出的見解,或許更能解釋這樣的喜劇性人物。這本書的目的在於深入解釋導致喜感的來源,並不止於所謂的「不和諧」而已,他認爲眞正的喜感原因,源於對社會生活輕微侵犯的事物,而社會以一種防衛的反應姿態,及輕微的害怕來回應它(Bergson,1991〔1940〕:157)。柏格森的理論是建立在人與社會關係的基礎上,他除了討論形式的喜感、動作的喜感、情境的喜感、言詞的喜感,還有性格的喜感。他認爲喜劇的行爲事件給我們帶來滑稽感的根源,肇因於在活潑的生命的幻覺中混雜了機械的僵化,因而他歸納出喜感來源的三大元素:重複(*la répétition*)、顛倒(*l'inversion*)、事件交互干擾(*l'interférence des séries*)。依照柏格森的說明,事件交互干擾,指兩組原本不相干的系列事件,卻同時發生在同一個情境中,而雙方卻各自有各自的解釋空間,甚至完全不同的詮釋意義(Bergson,1991〔1940〕:73~74)。這些原則,幾乎都可運用於語詞的喜劇(*le comique de mots*)及情境的喜劇(*le comique de situation*)。情境的喜感之所以引人大笑,正是由於喜劇人物性格對社會生活適應的僵化,通常因角色性格的弱點而引發的,如貪吃、好色、怕死、怕事等,結果反而成爲被捉弄的對象。甚至一個完美誠實性格的人物,也有可能因爲他不夠平易近人,及缺乏靈活的處世能力而導致喜感(Bergson,1991〔1940〕:105)。

本章從語詞喜劇、情境喜劇兩層面來論述。語詞喜劇,指因諧音、外來語、供體與譬相,及語法錯誤而引起的喜感。情境喜劇,則包括預期與事實顛倒、事件的交互干擾,及「化裝」產生的喜劇。

第一節　語詞喜劇

喜感的語詞,可說是布袋戲喜劇表演的最基本要素。有的布袋戲主演,會將語詞的喜感,及因人物性格而引起的情境喜感結合在一起。語詞在這樣的口頭表演中,是被當作遊戲的玩具,甚至可以扭曲變形而產生喜感,特別

是藉著諧音、外來語，甚至語法的習慣。語詞的扭曲變形，其實是相對於正確的語詞發音，及語法習慣而來的。如果沒有正確的語音，也就沒有扭曲變形的語音。值得強調的，口頭表演是直接訴諸觀眾的耳朵，及立即的理解力，而不是文法書分析的規則。

　　喜劇的笑聲，在藝術的效果要求上是非常嚴苛的，其所能夠容許觀眾的理解空間，是非常非常短暫，幾乎是在一瞬間就立即發生「笑果」。如果還必須要思考，可能就變得不好笑。掌握一種語詞的文化深度，才能夠欣賞以該語詞表演的喜劇。如果能夠欣賞某種語詞表演的喜劇，才能算是完全掌握這種語詞的精髓。要欣賞布袋戲的語詞喜劇，非得擁有相對的語言能力才可能勝任愉快。

　　布袋戲的語詞引起的喜感，可分為諧音、外來語、供體與譬相，及語法的喜感等四類，略述如下：

一、諧音的喜感

　　諧音（paronomasia），其實是將某一個詞彙的語音，理解成另一個詞彙的意思。因諧音詞彙而產生的喜感，「笑果」非常迅速。如《大唐五虎將》，李林甫為消滅郭子儀，開設武科場比武取士。楊國忠的兒子楊梁玉也興致勃勃前去參加。他與後場的對白如下（黃海岱，1999）：

> 楊梁玉：本公子，楊仔梁玉。阮老父楊國忠，同過此个定國王是蓋
> 　　　　好的朋友，今仔日科場開科取士啊！E，抑我嘛欲赴試
> 　　　　（hù-sì）啦！
>
> 後場：欲赴死？
>
> 楊梁玉：啊！毋是啦！天壽啊，歹彩頭！來赴試（hù-chhì）啦！考
> 　　　　較都著啦！我十八般武藝，件件皆能。今仔日欲來去做頭
> 　　　　陣。哈！看會當奪著魁首--無？是！漫步而行，到武科場。
> 　　　　行！行！行！

從一開始角色的自我介紹「本公子，楊仔梁玉」，就故意製造諧音的喜感，「楊梁玉」卻唸成「楊仔梁玉」，雖只一字之差，聽起來卻很容易引發「羊仔」的聯想。千篇一律的套語，在此卻產生動物化、畜牲化，或貶抑化而引起的喜感。因人物名字的諧音而引起的喜感，在布袋戲的口頭表演相當常見，如登

場人物自稱：「本公子，趙京。阮老父，號做趙摯。阮俺公，都是趙急」，如此系列家譜竟然成爲主演當作開玩笑的對象，他們的名字「趙京」、「趙摯」、「趙急」，相當容易引起「著驚」、「著摯」、「著急」的諧音聯想。在此，「赴試」卻被唸成「赴死」，也是因諧音產生的喜感。依《彙音寶鑑》，「試」有兩種語音：考用，或試探的意思應念 sì，而嘗試的意思則念 chhì（沈富進，1954：513，515）。唸過漢學仔的觀眾，大多還瞭解這些語音的差別，依此所念的「赴試」（hù-sì）語音，相當接近「赴死」（hù-sí）。這位興高采烈，唱著小丑曲子出場的楊梁玉，一開口就將「赴試」說成「赴死」，除幽默喜感外，以戲劇情節的安排而言，這句話確實一語成讖，楊梁玉在往後情節的武科場比試中，命喪于林沖之手。

「矮仔冬瓜」、「戇杉」幾乎是焦不離孟的「耍寶二人組」。「矮仔冬瓜」是比較聰明、反應靈敏的角色，相對的，「戇杉」如其名字所暗示的，屬於比較愚癡的角色。這兩個角色經常是互相搭配一起出現的。《六合魂斷雷音谷》的「矮仔冬瓜」、「戇杉」已經打敗刺客，而晉見打扮成白身出遊的皇帝，他們的對話如下（黃俊雄，1979）：

> 矮仔冬瓜：跪落*去！跪落*去！跪落*去！
>
> 戇杉：Hoh，都愛跪呢？
>
> 矮仔冬瓜：跪落*去！跪落*去！吾主萬歲！萬萬歲！
>
> 秘雕：吾主萬歲！萬萬歲！救駕來遲，請萬歲赦罪！
>
> 戇杉：啊…，萬衰！萬萬衰！
>
> 矮仔冬瓜：大菰呆，啥物萬衰？萬歲！
>
> 戇杉：萬歲！萬萬歲！
>
> 朱嘉靖：眾卿平身（phêng-sin）！
>
> 戇杉：哇！
>
> 矮仔冬瓜：Eⁿ…？大菰呆，你欲走去叼*位？走去叼*位？
>
> 戇杉：恁娘我鬼咧！講欲共我掠去烹心（pheng-sim）啦！
>
> 矮仔冬瓜：毋是啦！人 he 皇帝叫咱遮的人爬起來，待予挺 hohⁿ，號做「平身」，hohⁿ。身，是「身體」的「身」啦，都是叫你待起來，號做「平身」啦。『立正』都著啦！
>
> 戇杉：Hoh，『立正』？

矮仔冬瓜：Hioh 啦！

戀杉：抑我愛按怎講？

矮仔冬瓜：你都講「謝恩〔註1〕（in）」啦！

戀杉：謝恩啦！萬歲！萬萬歲！

布袋戲晉見皇帝的排場，如「吾主萬歲！萬萬歲！」之類固定的套語，跟歌仔戲幾乎沒什麼兩樣。這裡主演卻大玩諧音遊戲，一則將「萬歲」（bān-sòe）聽成「萬衰」（bān-soe），另一則將皇帝的固定套語「平身」（phêng-sin），聽成「烹心」（pheng-sim），真是失之毫釐，差之千里。這裡的語詞喜感，是因臺語複雜的聲調所引起的，聲調差一點點，意思已完全不一樣。其次，喜感的語詞卻藉著矮仔冬瓜轉換為華語，作為另一種詮釋補充。顯然口頭表演的藝術家，是將「平身」理解為「立正」，似乎是相當戒嚴時代的習慣，一旦講到「總統」就必須立正站好！如果以現在的觀念來理解，或許「平身」應該理解為「稍息」。由此可知語詞內涵的理解，其實是隨著所處的社會環境等時空背景而有所不同。這齣布袋戲灌錄的 1970 年代，還是屬於高喊「總統萬歲」的戒嚴時代，這樣的語詞遊戲「萬衰！萬萬衰」，當然是開玩笑。從美學的觀點來理解，這種喜劇所展現的就是一種顛倒，藉此呈現出一種所謂的「顛倒的世界」（*monde renversé*）（Bergson，1991〔1940〕：72）。

二、外來語的喜感

臺灣屬於海洋性格的國家，許多不同的文化在這個島嶼交會。文化交會在語言的實踐中展現的，最明顯的就是語碼混合（code-mixing）。語碼混合，指說話者加入另一語彙的元素。基本上這種語言現象，牽涉借用詞彙，句子，或較大的單位。生活中最常見的語碼混合現象，應該是借用詞彙（borrowing of vocabulary）（Fasold, 1984：180）。對於擅長掌握語言的主演而言，口頭表演所操作的語詞一定相當豐富而且多元，不但文言與白話夾雜的情形可能相當普遍，而且經常借用相當多來自日文、英文、北京話的外來詞彙。

口頭的表演中，借用詞彙是一種相當容易當作產生喜感的手法。外來語喜感，可分為反諷的喜感、影射男女關係的喜感兩種：

〔註 1〕漳音。泉音 un。

（一）反諷的喜感

　　將外來詞彙混雜在本土語詞之間，當作相同韻腳的詞彙群一起使用，可達到一種反諷的喜感。顯然這種語碼混合，對於熟悉這套語詞的人而言，幾乎不將這些詞彙視作外來語，如果不特別指出來，一般人可能還會以爲是臺語本身舊有的詞彙。以《六合魂斷雷音谷》爲例，「文玉」與「梁白桃」之間的對話，「文玉」賣身到秦樓酒館，依照臺灣的慣例，名義上她仍算是酒館老闆娘的「養女」，因此她必須稱呼老闆娘「阿母」。在此主演者借用外來詞彙以產生諧音的喜感（黃俊雄，1979）：

> 文玉：來了！阿母！阿母！
>
> 梁白桃：Kah *ngô-bú*（ごぼう〔註2〕）咧、雞母咧，鴨母！
>
> 文玉：毋是啦！阿母！毋*愛受氣啦 ho‧hⁿ！
>
> 梁白桃：受氣？哼，恁祖媽 ho‧hⁿ，氣都激懸，腹肚腸仔都縮規丸啦，受氣！
>
> 文玉：是按怎啦？
>
> 梁白桃：按怎？你煞毋知影講，恁母仔都是了五百箍，抑共恁阿公買來 ho‧hⁿ，啥物講恁老父老母死囉，未當埋恁老父老母咧，抑你賣身葬父母，算起來是孝女咧 ho‧hⁿ，所以我毋敢共你強迫。你都知影咱當地的好額人啊，干焦出一暗按呢三萬箍開彩，抑你毋都好禮仔好禮，按呢共應付一下，予恁母仔毋即會當好額！

　　表面上看來，「梁白桃」的嘴巴相當刻薄，她惡意地扭曲「文玉」對她的善意稱呼，以諧音詞彙群來扭曲母親的稱呼。但從口頭表演看起來，將「阿母」（a-bú）與 ngô-bú、「雞母」（ke-bú）、「鴨母」（ah-bú）等詞彙並列，本身就有柏格森所謂「重複」的喜感。但這樣暫且不管語意的邏輯，卻只著重純粹韻母一致的重複，在語意傳達上卻有反諷的效果。原本應該被尊重的母親稱謂，卻被自己貶低爲與菜市場賣的牛蒡、雞母、鴨母同等級。原先的尊貴稱謂，一下貶值爲與論斤論兩的貨物同等級。梁白桃原以爲這種惡毒的、憤怒的語詞可以羞辱折損對方，其實卻反過來貶低自己的身份地位，使她自己成爲反諷的受

〔註 2〕即牛蒡（Arctium lappa L.），臺語的稱呼方式「吳母」，即是日語。

害者。這種戲劇效果，完全要靠主演者的創作功力，他必須假裝自己對於事實毫不知情，如此觀眾才能得到喜感。

　　此外，「矮仔多瓜」、「戇杉」兩人隨著音樂起舞的對話，偶而也會出現外來詞彙混雜的喜感（黃俊雄，1979）：

　　　　矮仔多瓜：哦這 *Tango* 眞讚！來！我伴你跳！我伴你跳！*Tango*〔註3〕！
　　　　　　　　　Tango！
　　　　戇杉：抑我欲共跳 *Su-li-pa*〔註4〕（スリッパ）佮炕肉〔註5〕（khòng-bah）！
　　　　矮仔多瓜：恬恬啦！

矮仔多瓜經常以三寸不爛之舌自豪，他在這齣戲的語詞經常夾雜著英文、日文，以顯露其博學多聞。在這種聞歌起舞的場合，他當然也要賣弄一下他對「探戈舞」（Tango）的知識。相對的，比較有泥土味的角色「戇杉」，卻也不甘示弱，他似乎也要炫耀他所知的一種輕快舞蹈「吉魯巴」（Jitterbug）的名稱，卻說成要跳「Su-li-pa」或「Khòng-bah」。舞蹈名詞，突然與生活中詞彙。如拖鞋、炕肉等聯想在一起。原本舶來品的價值感，突然之間貶值，而形成一種相當有趣的反諷喜感。

　　這兩個範例都是反諷而引起的喜感。反諷是修辭學的一種高度表現，它是把表象和現實相對比，然後採取「以是爲非、以非爲是」的修辭方式，亦即把正反相互的語意顛倒過來，在其中寓含諷刺的幽默感。如學者所說的（顏元叔，1973a：345）：

　　　　反諷家所呈現出來的是種表面的形象，他假裝對事實毫不知情，而
　　　　在另方面，反諷的受害者卻是受了表象的矇騙，他毫不知道事時的
　　　　眞相。

「反諷」對創作者的創作技巧與觀眾的解讀功力，都是相當程度的考驗，如果沒有足夠的文學素養，便不容易明瞭其喜劇感。

〔註 3〕　西班牙文 Tango，中譯爲探戈，是一種源於阿根廷的雙人舞蹈，十九世紀時盛
　　　　　行於南美洲。強烈的斷奏式演奏，節奏感強烈。戰後臺語音樂曾經廣泛採取
　　　　　探戈節奏的編曲，而廣爲流傳。
〔註 4〕　日語。指室外拖鞋。
〔註 5〕　臺灣傳統小吃的料理。炕肉，指將三層肉久煮到幾予入口及化。

（二）影射男女關係

布袋戲的口頭表演，有時藉著外來語來指射男女之間的性關係，卻有意想不到的喜劇「笑果」。《六合魂斷雷音谷》，有段「矮仔冬瓜」鼓勵喪偶的「秘雕」，不妨在酒館裡尋歡作樂的對話，卻突然引用外來的詞彙（黃俊雄，1979）：

> 矮仔冬瓜：唉，抑按呢聽*見講內底 hoʰ，一個號做文玉-- 的上出
> 　　　　　名呢！E…，博士啊！
>
> 秘雕：按怎？
>
> 矮仔冬瓜：我看來共叫文玉仔來伶你陪酒。抑陪陪呢，你若是有合
> 　　　　　意 hoʰ，順續盈暗伶伊…，嘿嘿…，『HAPPY！』
>
> 秘雕：啥物號做『HAPPY』？
>
> 矮仔冬瓜：嘿…，你此个秘雕 hoʰ，攏毋知影此个 HAPPY！自較早
> 　　　　　恁牽手大節女死了後，你按呢守寡（chiú-kóaʰ）守四、五
> 　　　　　年啊！抑也需要娶一个仔牽手咧啦，來共伊輕鬆一下，
> 　　　　　看著毋著？
>
> 秘雕：唉咿？這我無慣習。咱目的上都是欲走尋當今的皇帝，欲來
> 　　　　援助六合禪師，收除五雷天師啊！其他的代誌，你無需要想
> 　　　　吧！
>
> 矮仔冬瓜：我共你講啦！生成愛-- 的啦！咱人努力都努力，享受也
> 　　　　　都享受啦！Haʰ？看對毋對？

臺語進行的對話，突然插進來一個英文單字「HAPPY」，原意不一定指男女之間性的歡愉，但這裡曖昧的語氣與指射對象，讓這個詞彙變成具有相當的喜感。「性」一直是保守的知識份子避而不談的話題，而形成一種禁忌的領域。心理學家佛洛依德（Sigmund Freud, 1856～1939）最大的貢獻，應是對人類的理的深入解析，他曾經作了相當著名的比喻，把心靈比喻為一座冰山，浮出水面的是少部分代表意識，而埋藏在水面之下的大部則是底層潛意識。潛意識只能以隱諱的姿態表顯出來，尤其與男女性愛的關係，如果必須訴諸語詞，也可能是隱諱的語詞。喜劇與「性」有關的言詞，卻是藉著外來詞彙，而非我們日常生活所熟悉的語詞來傳達。曖昧的詞彙之所以引來觀眾不可抑止的笑聲，依照佛洛依德，及伯格森的觀點來看，可說是為了掩飾違反社會禁忌的尷尬氣氛。

三、供體與譬相的喜感

臺語語境的譬相（phì-siùⁿ）、供體（keng-thé），幾乎被等同於罵人的同義詞。布袋戲的口頭表演以對方的身體來作比喻，不一定都是負面的攻擊，有時卻是正面的鼓勵，因此筆者認為「供體」與「譬相」應該要有所區別。譬相，是以對方的身體特徵來譬喻，有時很有文學的想像力，形容得相當貼切。而供體，卻是以尖銳的批評形容詞來罵人，所謂「正刨倒削」（chiàⁿ-khau tò-siah）。簡單地說，譬相的喜感，是屬於正面的、肯定的身體比喻語詞。而供體，則屬於負面的、攻擊的比喻語詞。

（一）供體的喜感

供體，常出現在布袋戲互罵的場合，如員林新世界洪國楨在 2001 年外臺匯演表演的《南俠翻山虎：天劍門》，福州老人與前來挑釁的負面角色「神秘莫測鬼天師」之間的對話如下：

> 鬼天師：嘿嘿！
> 老人：哭飫！無代無誌捙此籠出來，干若未輸此籠 jí 仔佮電火球仔。
> 　　　Eh，友--的！你有夠穤！目瞤，未輸斗燈〔註6〕。
> 鬼天師：嘿！
> 老人：抑你的鼻管（kóng），閣未輸蕃薯陵。
> 鬼天師：嘿嘿嘿！抑嘴齒 neh？
> 老人：抑嘴剝開，講未輸大貝湖佮日月潭。抑嘴齒 hoⁿ，么壽啊！
> 　　　講一下較土咧，講未輸屎桶仔板。
> 鬼天師：我咧呸！抑你真亂來，出口相欺。

這些尖銳的語詞，搭配舞臺上的布袋戲偶的造型，很容易產生料想不到的喜感。布袋戲木偶造型雖然盡可能誇張，但觀眾所看到的卻是凝固的面貌。這時戲劇語詞開始發揮奇妙功能，指引觀眾的視覺注意力，更細緻地進入想像的世界。如「神秘莫測鬼天師」的大禿頭，被形容為下象棋的「ji-á」，或電燈泡；面目猙獰的眼珠，則被形容為臺灣民間信仰儀式中常見的斗燈；塌塌的鼻子，被形容為蕃薯壟；而血盆大口的嘴巴，被形容為大貝湖、日月潭。以

〔註 6〕臺灣民間宗教信仰的普渡儀式中，經常會出現懸掛在竹竿尾部的燈籠，即謂的「斗燈」。

上這些比喻都還算有相當的美感，被消遣的人物一時之間似乎還未領悟其中原委，因而只是嘿嘿傻笑，直到最後被狠狠的回馬槍所驚醒，他的牙齒被喻為「屎桶仔板」。劇中角色以味道令人捏鼻的不雅形象，來挖苦對方的粗大的門牙，可說是神來一筆的妙喻。布袋戲表演的語詞摩擦，通常都是從雙方對彼此外在形象的互看不順眼開始，逐漸製造雙方的對立，目的是為了鋪陳進一步衝突氣氛的前奏。

（二）譬相的喜感

在人的身體特徵作文章，稍不小心容易落入人身攻擊的處境。但如果說話者的出發點，並非惡意，甚至是基於鼓勵的心態，有時「譬相」的語詞卻也能夠產生喜感。《六合魂斷雷音谷》，「矮仔冬瓜」鼓勵「秘雕」走出去，秘雕卻自卑自己曾經受傷，而外貌長得奇形怪狀，所謂「五不全」。最後卻在矮仔冬瓜三寸不爛之舌的遊說之下，假扮成他們的老闆一起出遊。他們的對話如下（黃俊雄，1979）：

> 秘雕：哈哈…，規世人，我嘛毋捌佇咧行酒樓。矮仔冬瓜，你欲招我去食燒酒，若有意思呢？
>
> 矮仔冬瓜：我共你講，略略仔稍享受咧啦！著毋著？
>
> 秘雕：我人遮呢穤！
>
> 矮仔冬瓜：外穤？猶閣有比你較穤-- 的。著毋著？你這 hohⁿ，三寶呢！
>
> 秘雕：啥物號做「三寶」？
>
> 矮仔冬瓜：三寶你毋知哦？你若是睭覆覆，親像隱龜橋啦；抑你若是睭坦笑，像藥店的研槽（géng-chô）哩咧；Hâⁿ？抑若是睭坦敧 hohⁿ，干若親像日本刀。
>
> 秘雕：哈哈哈哈！矮仔冬瓜，你閣真勢共我譬相（phì-siùⁿ）！啊…，我無愛入去！
>
> 矮仔冬瓜：我共你講，你此滿假作阮頭家 hohⁿ。假阮頭家，抑我，你的薪勞。咱都是佇彼个南京，欲來散財-- 的啦。
>
> 秘雕：身軀並無半文，抑干焦去菜店閬閬鮟（bùn），哪有意思？
>
> 矮仔冬瓜：我共你講啦！後壁你揹退-- 的，攏珍珠呢。
>
> 秘雕：呔有？

> 矮仔多瓜：後壁你揹一个包袱仔，遮呢大的！
> 秘雕：啊…？這哦？
> 戀杉：Hioh 啦！Hioh 啦！你假阮頭家；阮，你奴才仔都著啦，咱來
> 　　　賣珍珠‑‑ 的啦！咱是南京的珍珠客，毋是北京的珍珠客！

這些譬相語詞相當新鮮有趣。秘雕曾經受傷，外貌原本是駝背、跛腳，矮仔多瓜卻形容他身上有「三寶」，正好將駝背者睡覺的三種姿態作形象比喻：扒著睡，即「睏坦覆」，看起來就像是「隱龜橋」；仰著睡，即「睏坦笑」，就像是像藥店的「研槽」，如果側著睡，即「睏坦敧」，像是「日本刀」。此外，形容駝背者的姿態，像是背著裝滿珍珠奇寶的包袱，最後還要求他們打扮成珠寶商，矮仔多瓜、戀杉等人扮成他的隨從。在藝術的想像世界，一般人避免提到的身體缺點，突然之間變成了優點。而浪跡天涯的俠客，突然轉變身份，成為販賣珍珠的「珍珠客」。從美學觀點來看，這裡的喜感即柏格森說的「顛倒」。身體的殘缺，卻被「譬相」為隱龜橋、研槽、日本刀，甚至是裝滿珍珠奇寶的包袱，讓觀眾相當驚喜地瞭解，原來看同一件事物，也可有這麼多不同的觀點。只要稍加改變觀看的角度，世界也可以是充滿肯定與樂觀的。

四、語法的喜感

　　布袋戲語法的喜感，是來自一種語法不當的省略，或用詞不當所產生的語意誤解。這些觀念並非行諸文字，而是在觀眾接收語音加以理解時，產生與劇中人意念相反的理解。這種語法的喜感，經常被當作喜劇的「笑果」來使用，特別是用在屢戰屢敗的「衰尾道人」身上。

　　《六合魂斷雷音谷》的範例，發生在「鐵拐半仙」被「秘雕」打敗，而求助於他的朋友「白骨怪人」。其對話如下（黃俊雄，1979）：

> 白骨怪人：鐵拐半仙？
> 鐵拐半仙：是啦！我去予秘雕共恁 mē 拍敗。無打緊啊，一寨西南
> 　　　　　派的朋友，攏死真濟；抑六合已經渡風塵！一言難盡，
> 　　　　　將情聽說（介）。
> 白骨怪人：毋是我佇咧誇口，若是貧道下山呢，一聲都好勢。
> 鐵拐半仙：Hãⁿ？好勢？抑毋煞去予*人拍死？

> 白骨怪人：汰！啥物去予*人拍死！我來去，連我的徒弟十外名，攏
> 　　　　　總齊（chiâu）下山。此次下山，攏欲予伊齊死！
> 鐵拐半仙：Hâⁿ？哦，恁逐家攏欲齊死？
> 白骨怪人：汰！毋是啦！東北派，攏予伊齊死！
> 鐵拐半仙：哦按呢？
> 白骨怪人：著！行，行！來啊，趕緊攻打武英山啦！

這些話語的錯誤，顯然是出自缺乏受詞的語意混淆。白骨怪人所提的「一聲都予好勢」或「攏欲予伊齊死」的對象，照理說應該是指秘雕等人，然而說話者的言語，卻省略原先應有的受詞，因此聽起來變成是說自己將會遭受不測。這些不吉利的話，正意味著未來失敗的命運，他原本誇下海口，要將對方一網打盡，結果卻變成自己的人全部陣亡，而整個戲劇的走向也確實如此。戲劇中說話者的語意，與自己意志完全相反所產生的喜感，即柏格森所說的「顛倒」。同樣的，偶而也會出現一些故意違反語言使用習慣的笑話。如「衰尾道人」所搬請來的救兵，大都是固定說：「眾妖囉啊！下山啊」，有時卻說成「眾妖囉啊！出山啊」。「出山」與「下山」雖只是一字之差，意思卻相差十萬八千里。「出山」容易讓觀眾聯想到出殯。語法使用的錯誤而產生的喜感，在口頭的表演中是相當常見的喜劇元素之一。

第二節　情境喜劇

　　情境喜劇，指因特殊的情境，無論是預期與事實顛倒，或事件交互干擾而引起的喜劇。布袋戲的情境喜劇，常因角色性格的弱點而引發的，例如貪吃、好色、怕死、怕事等，結果反而成為被捉弄的對象。但被捉弄的角色，如果很容易就會受傷、甚至死亡，那麼整個喜劇的效果就會消失而變成悲劇。因此被捉弄的角色還必須具備一種特質，即無論發生什麼事，他們一定不會受傷，更不會死亡。這一點必須是所有的觀眾都瞭解，也都認同的特質。如此一來，被捉弄得越厲害，吃越多虧，觀眾只會感到更好笑而已。

　　既然有被捉弄者，當然就會有捉弄者。捉弄者經常是「老烏狗」，他們穿著經常都是最流行的西洋髮型、服裝，最重要的他們的足智多謀，很會解決戲劇危機。有時為了解決問題，必須設計讓原先貪生怕死的角色出去對抗敵人，因此被後者暱稱為「老奸臣」。這種「耍寶二人組」，是喜劇場景常見的

搭檔。如《六合三俠》憨厚膽小，卻又武功高深的「老和尚」，就必須搭配精於算計的「天生散人」。而「戇杉」與「矮仔冬瓜」的組合也是如此。有些布袋戲主演相當熟練這種捉弄的角色，不但讓他們在戲劇中扮演妙語如珠，或善逞口舌之戰的人物，而且是推動戲劇進行不可或缺的機智者。

　　南投新世界掌中班的陳俊然所塑造的「老人」，可說是相當成功被捉弄者的範例。這個角色一開始的外號叫「無價值的老人」，甚至以《南俠：無價值的老人》為題，灌錄許多膾炙人口的唱片。不過據說這個角色在南投鄉下演出時，曾廣受歡迎卻也引起爭議。臺下一些資深觀眾對於這麼逗趣的角色卻叫「無價值的老人」，相當有意見，好像譏笑他們上年紀的老人都沒價值一樣，因而後來都改稱為「福州老人」。「福州老人」講起臺灣話，卻是怪腔怪調，鼻音很重。筆者查《福州方言詞典》，福州話所說的「福州人」應該念huk-ziu-ing。從如這裡的 ing，或哺乳的「奶」唸成 neing〔nɛin〕（李如龍，1994），可發現福州話的鼻音確實相當不少。或許因為這樣，布袋戲的口頭表演才會開玩笑地創造一個鼻音很中的角色，但也沒想到這樣的角色卻廣受歡迎。福州老人總是自稱：「咱仔福州的老人」，這些怪異語音雖是主演創造的，語法卻合乎福州話稱謂的習慣。已故臺灣民俗學者林衡道，雖是臺北板橋鄰家的後代，但他出生滿月之後，曾被送回福州交給祖母撫養，八歲之後才回到臺灣。福州生活是他童年記憶的一部份。他曾提到福州人講話的習慣與用詞（林衡道，1996：46）：

> 福州人，不論男人、女人，在講話的時候都盡量不講「我」這個字，因為講「我」是非常不客氣的話，一定要自稱「奴」或「奴家」，連男人都自稱奴家，「我」是不得以才說的。（--）對父母或長官說話時，要自稱「人」。福州人來臺灣，這種習慣仍然保持，十幾年前，我在省文獻會當主任委員的時候，曾擬請一個福州籍的女性當總務組長，她來看我時，就自稱為「人」，非常符合福州的禮數。更妙的是，假使這個人名為秋香，她在說話時就自稱「人秋香」。

這段說明有助於我們瞭解福州老人的常用語。如福州話「人秋香」的語法習慣，陳俊然塑造的角色福州老人，理應自稱「人福州老人」。只是這裡的「人」，聽起來卻像是鼻音比較重的「咱仔」。此外，「福州老人」曾化裝為女人時自稱「奴家」，確實與福州話習慣相同。但福州話「人」的自稱詞該如何念，可

惜採訪者並沒有紀錄林衡道的語音。《福州方言詞典》的「人」，同時也是福州人對於自己的謙虛稱呼的福州話 nëüng〔nØyŋ〕（李如龍，1994）。後來，陳俊然的徒子徒孫唸的「咱仔」（nńg-á），卻似乎比較接近原先的福州話。

臺灣的庶民生活中，確實有許多福州人的文化，從建築的福州式樣，家具的福州椅，鹿港「綁籠床」的師傅，或臺灣俗語說的「福州人三支刀：鉸刀、菜刀、剃頭刀」，甚至福州戲劇的機關變景〔註7〕等，都留下相當的影響力。而布袋戲的角色福州老人，也可說是福州話留在臺灣的文化遺產之一。

以下討論預期與事實顛倒、事件的交互干擾，及「化裝」等三類情境喜劇：

一、預期與事實顛倒

這類喜劇，顛倒的情境正好發生在當事人主觀的預期，及客觀的事實之間。以下討論兩則相關的範例：

（一）《南俠：無價值的老人》的範例

這則範例出自《南俠：無價值的老人》，唱片編號 CS647A，故事背景是「風火妖祖」約「南俠翻山虎」明天八點鐘在「風火谷」決鬥。這時「南俠翻山虎」的太太「江山美人〔註8〕」，主張必須先派人去探看看，以免南俠一下子遇到危險。這個主意就好像老鼠會議的寓言，眾老鼠開會決定應該在他們的敵人，即貓的身上掛上鈴鐺，使得貓走近老鼠時，可以因鈴鐺聲而得到警告。但問題是，應派哪一隻老鼠去給貓掛鈴鐺？與此寓言不同的是，「江山美人」早已經拿定主意，她主張應該抽籤決定，而「老人」也非常贊成這個很公平的舉動，沒想到抽籤的結果，卻是出乎他意料之外（陳俊然，1969）：

老人：嫂仔！江山美人啊！

江山美人：老人，啥物代誌 neh？

〔註 7〕 臺灣戲劇開始有機關變景，可能是受到福州戲班的影響。戰後布袋戲進入戲院演內臺戲，原本的彩樓擺在舞臺上顯得太小，漸漸的改用大型的佈景。而亦宛所用的布景師傅「一位是福州人，擅長畫走景、變景（⋯）。他們四人是我從各地請來的高手，再加上電工師傅和服裝管理師，爲我把一切事情分配的妥妥當當，他們不斷地設計新布景、自己牽電線、安機關，在大家通力合作之下，使我的演出增色不少」（李天祿，1991：144）。

〔註 8〕 這個戲劇角色的名字，應該來自 1959 年林黛及趙雷主演，李翰祥導演的《江山美人》。這部電影曾經在臺灣轟動一時，也帶動黃梅調電影風潮。

老人：阮大--的槌槌喏！明仔載含人約八點鐘都欲到風火谷，阮大--的講眞正欲去！你共想：伊 he 內底毋知布置啥貨？伊呔毋愛來咱遮決鬥，哪會招咱去遐？抑這簡單，你干焦用肚臍想都知。

江山美人：你肚臍遐聰明？

老人：無啦！表示講較簡單的意思。

江山美人：毋南俠俗人約戰，伊是守一个男子氣魄的人，如果南俠若是遐呢無氣魄，我江山美人敢無尪婿？哪會都來嫁南俠？南俠，伊的智能俗氣魄，值得我欣慕，無行未用得。

老人：嫂仔！你都愛想喏：「穩穩尪，食未空」。你此滿予去喏，做守寡婦，你都愛知影：你都愛買大同冰箱，冰起來予閒喏。

江山美人：我共你交代，此段南俠翻山虎，明天八點鐘都欲去決鬥。咱明知（bêng-ti）知影講，妖道根本有啥物布置。咱一般人愛負責去蒐集一下情報，南俠明天都欲去決鬥去靜養，咱愛負責此个去打探。

老人：Êⁿ！無免講，咱仔知影啊！又閣欲叫我啊！這江山美人，嘴擘開，我都知影伊閣 欲牽--我！嫂啊，你又閣欲叫老歲仔去！哦，我老人穿此號衫，逐家嘛知影我三秘的秘尾椎，看著，人都推！我毋敢去。

江山美人：你敢知影我欲叫你？

老人：無啦！你見叫，攏嘛叫我，講我三秘在內，較勥啦！抑文俠料理內務，抑南俠靜養，抑按呢無，我老歲仔。

江山美人：我共你交代，叫啥*人攏無公平〔註9〕啦！用我講--的，我叫你老人一半擺仔，你都講我攏叫你。我若叫別人，人伊嘛會按呢講法。無，除了南俠避起來，咱來照抽鬮（khau）仔的，公道--無？

老人：抽鬮仔？

江山美人：是。

〔註9〕「公平」一詞，陳俊然唸成「kong-phêng」，而非「kong-pêng」、「kong-pêⁿ」或「kong-pîⁿ」。

老人：Hmh…，按呢較公道嗒！抽鬮按呢公道！內底遐大陣，kah
　　　拄好我抽著去。按呢…，按呢我公仔媽都…，都雜木仔；人
　　　別人--的攏總…，hmh hi-nó-khih〔檜〕--的。

江山美人：按呢好，南俠避起來，咱內底猶八十外--的。

老人：呵呵！八十外--的報一个，咱仔耳仔皮，真正攏比人 he 較…，
　　　較薄？我也愛信（siàn）！咱仔除了著我耳仔皮，比人 he 荔
　　　枝皮較薄！

後場：荔枝皮？

老人：阿西〔註10〕啊！煞毋知影此號皮。抑清彩嘛著老奸，老奸 he
　　　無福氣無福氣，鼻仔尖尖。抑無嘛著空輝城仔！抑敢會著我？

江山美人：吩咐啊！各人安排，我做鬮仔。

老人：無嗒！嫂仔，欲明品--的：抑你嘛有哦！

江山美人：著！

老人：林京、北俠嘛有哦！

江山美人：公道！

老人：按呢北俠猶都無抽！抑無，伊定著未著--的。鬮仔都你做--
　　　的，你若會著，你共 ní 目。你都天壽惜，閣大某的囝，伊欲
　　　汰抽會著？

江山美人：按呢啦！恁八十外--的攏先抽，抽到尾仔睇兩粒，阮母
　　　　　　仔囝--的，按呢毋都公道？

老人：按呢嫂仔，你做事蓋公道。

江山美人：準備伺候。

（音樂過場）

洪引：我洪引偎來共抽。

江山美人：慢且！洪引！

洪引：有！

江山美人：恁少年人，攏無尊重一下老人，岷江咱遮上老，都是老
　　　　　　人。人講敬老尊賢，你毋都予老人先抽。

老人：Hioh 嗒！嫂仔你講按呢都有理啦！遮的死囝仔攏無讓老歲
　　　仔，抑有這抽緊緊--的！我先抽啦！

────────────

〔註10〕臺語的「阿西」，即罵人傻瓜的意思。

江山美人：老人！你先抽！

老人：哦好！嘿嘿…，此滿猶較濟啦。代先抽，較未著啦！毋倘到
　　　尾仔予人揀賰一屑仔，穩著--的。遮濟粒，清采共拿（naih）
　　　一粒仔，kah 拄好著咱？好禮仔共剝看咧！唉！哭父啦！牛母
　　　觸親姆，閣對對。咱仔提一粒都著我，恁 mē 好禮仔共包咧，
　　　較緊咧。「無哦！我毋是欲提此粒哦！」

江山美人：He…，慢且！慢且！抑有這看看，包包咧，即講你毋是
　　　欲提彼粒。抑按呢…，逐家若像你按呢提起來看看咧，
　　　即閣下倒落去，逐家嘛未著。無啦！老人你共*人攣開
　　　啊！愛解（tháu）！公道！解開共看覓咧！

陳俊然塑造「老人」這個角色，語詞及個性的想像力都是相當重要的特色。「老人」的想像力，相當有鄉土味，如祖先牌位會保佑自己命運的民間信仰，或從面相來猜測自己命運不會比別人差。他總是將不好的運勢投射在別人身上，似乎這樣自己就不會遇到倒楣事。這些貪生怕死的平凡人心態，也靈活靈現地在「老人」的對話與戲劇行動中表露無遺，如他所說的「穩穩尪，食未空」，或喜感行為，如已得知自己「中獎」時，卻還想偷偷將所抽中的籤放回去，假裝沒這回事。如此一來，誇大平凡人貪生怕死心態的言語與行為，卻使得這個角色獲得相當大的迴響。這個段落的喜感，源自「老人」自認為再怎麼倒楣，也不可能輪到自己，但事實卻是顛倒的。這種預期與事實相反的喜感，正好是符合「顛倒」的原則。只要與現實顛倒的期望越大、越天真，喜劇性的「笑果」也越強。

《南俠：無價值的老人》的抽籤結局，全都是在「江山美人」的預料之中。她早已經設計每支籤的答案，剩下的只是制止其他不知情人來破壞。其中，差點誤觸陷阱的就是「洪引」，她出聲阻止的理由也相當理直氣壯，所謂的「敬老尊賢」，但放眼現場的人物卻沒有一個人比「老人」更老的，這就是「沒有選擇餘地的選擇」。依照這種邏輯，最後只能是「老人」被派去冒險的結局。

（二）《西漢演義》的範例

《西漢演義》的類似場景，正可以作為《南俠：無價值的老人》的對照組。這齣戲的情境，肇因於劉邦在義帝的見證之下，抽鬮抽到水路。事後王陵、樊噲才告訴劉邦實情（張益昌，1999）：

王陵：太公！

劉邦：哦？我掠定啥物人？原來是王陵、樊噲恁眾兄弟？

王陵：Hioh！嘿嘿！太公啊，唉…，我毋知影講按呢你想法遮單純！
你呔會…

劉邦：怎樣解說 neh？

王陵：Hmh 唉？這干焦清彩想你嘛知影啊！范增做此兩支鬮仔
hoʰⁿ，在我王陵按呢共看起來，此兩支鬮仔決定有問題--的
啊！此兩支鬮仔的內容所寫，百分之百攏總是寫對（ùi）水
路。你都按呢槌槌、阿西阿西！人一下講，鬮仔伊家己做--
的，抑欲抽予你代先抽，hoʰⁿ hoʰⁿ！你都先抽啦。結論起來，
抑你抽此張，猶佮彼張攏總全款。你已經中范增的計策。

劉邦：這欲哪會有可能 neh？

王陵：都共你講你這想法攏傷單純啦，太公！哦…，此滿社會事
hoʰⁿ，抑講外烏，都外烏啦！

劉邦：王陵，反正代誌一旦 kah 發生，不要再多談啊！這算者，講
當作咱眾人的運命。

王陵、樊噲讓劉邦知道，原來事情早已被「設計」：表面上他是參加公平抽籤，
其實卻沒有選擇餘地。兩支籤全部寫的都是走水路，無論抽哪一支籤，結局
都是相同。比較《南俠：無價值的老人》與陳俊然的徒弟張益昌所演的《西
漢演義》，可以瞭解後者的故事鋪排，只讓我們看到的計策謀略而已，卻少了
喜感。主要的原因出自劉邦接受命運安排的憨厚，及「老人」天真想像壞運
的結果只會發生在別人頭上等。如此可以明白這種情境喜劇，是出自於一種
與事實顛倒的主觀認定與期望。只要這種不切實際的期望越誇張，越異想天
開，觀眾的笑聲就會更豪放。

二、事件的交互干擾

兩組原本不相干的戲劇事件，卻同時發生在同一個情境中，而雙方卻各
自有各自的解釋空間，甚至完全不同的詮釋意義。這樣的情節佈局，所產生
的喜劇笑果相當好。以《南俠翻山虎》，及古冊戲《萬花樓》的例子來討論如
下：

（一）《南俠翻山虎》的範例

　　幾乎所有世界派的布袋戲班，都很擅長陳俊然所創造的「福州老人」的角色。其中最能夠將這個角色發揮到淋漓盡致的，大概是外號「烏人」（O·-lâng）的陳山林。他的《南俠翻山虎》不僅將「福州老人」的綽號，改為「怪老兩撇鬚、為何不死」，簡稱「怪老」，或「nài 鼻--的」、「戀福州仔」等，這些怪異又響亮的名號數量，與這個角色的人氣指數成正比。原先陳俊然創造的「老人」名號，在陳山林的口頭表演已轉換身份，成為「福州老人」的弟弟，並非很顯眼的角色。此外，他還塑造一個很成功的「老烏狗」角色「江湖人」。「江湖人」相當能夠洞穿人性的弱點，及找到解決事情的辦法。擺在這些人物面前的危機是：「白骨千姬」前來報仇，要求「南俠翻山虎」自動挖出眼珠投降，否則包括她及其夫婿「無敵之王一見三拜禮」，都將會血洗「岷江派」。這時「老人」非常擔心，甚至希望投降讓步以解決爭端，但岷江派的智多星「江湖人」告訴他解決這件事的最佳辦法，就是慫恿「福州老人」上戰場。上引文陳俊然的《南俠：無價值的老人》的「老人」是被動的，他因為貪生怕死，卻在抽籤中被動了手腳，最後變成必須要代表出征的喜劇。而陳山林的「福州老人」動力正好相反，是主動的，是因為好色，而被騙去上戰場的喜劇。相同之處，都是因為性格弱點而引發的喜感。這段典型的喜劇紀錄如下（陳山林，1989）：

> 江湖人：今你此个老人是按怎面憂面結啦？是啥物代誌佇咧煩惱？
> 　　　　放心！我江湖人到位，大事化小事，小事化無事。無夠力，
> 　　　　遮的人當場自殺。
>
> 老　人：你母免歕雞脆 lioh！哦，連南俠都無法度 liah！抑文俠也無才
> 　　　　調插（chhap）；抑你江湖人，抑你干焦掊死人嘴。Hiông--的一
> 　　　　支嘴吱吱彈（tân），抑腳尻咧予*人犁田。抑敢真正你都有法
> 　　　　度？
>
> 江湖人：世間無一項代誌，我無法度通排解--的。母是我咧歕雞脆--
> 　　　　的，我講會到，做會到。啥物代誌？你講予我聽。
>
> 老　人：抑煞母知影講，白骨千姬都欲報仇。講三工到，都愛叫阮大
> 　　　　--的自動 phok 目睭到伊的面頭前。無打緊，嘛欲對付「半天
> 　　　　絕壁壁中燈影人」liah！當作講，阮大--的目睭 phok 予伊 liah，
> 　　　　抑燈影人，全款伊嘛欲佮伊輸贏。抑按呢看，欲按怎？

江湖人：啊！稍寡代誌，今這也咧煩惱。

老人：Hmh？稍寡代誌囉？是生命問題 lioh，啥物稍寡代誌？你咧講，佮咧唱仝款，平好聽 liah！

江湖人：哈哈哈！內底一支王牌若共請出來 hoⁿ，萬項代誌攏解決啊！

老人：Hmh？抑王牌嘛阮大--的南俠王牌。抑敢閣有王牌囉？王是一支，敢有幾偌支--的？

江湖人：我共你講啦，恁大--的戇 nài 鼻--的都傷濟去啊！若欲對付白骨千姬啊，一定愛用 nài 鼻--的。因爲白骨千姬的道行誠深，功夫眞屬害，閣再 in 尪「無敵之王一見三拜禮」，這 hoⁿ，外屬害毋知影。抑毋過恁大--的 nài 鼻--的，此个戇福州仔，老骨碇 khong-khong，老皮未過風。今年幾歲，無人知影！功夫練 kah 外屬害，無人估計會到。抑都愛用恁大--的即有法度。

老人：唉啊！無法度 liah！無法度 liah！抑此步--的，未通！

江湖人：是按怎未通？

老人：你嘛知影阮大--的 nài 鼻--的，hiông--的功夫屬害，抑毋過眞驚死 liah！哦…，伊 he hoⁿ，娶某，著冠軍；偷食豬肉，兩塊結相拖，飫鬼著冠軍；走予*人 giok，嘛著冠軍。哦…，阮大--的，伊都驚死，欲叫伊佮人拚，欲哪會有可能？

江湖人：有啦！恁大--的算國際牌的老豬哥哩！若講著相拍--的，當然毋。抑你都共騙，騙講有查某誠嬌，都欲嫁予伊。都按呢按呢，恁大--的都拚落*去啊。

老人：Hâⁿ？用…，用…，用按呢共阮大--的騙 liah？

江湖人：Hioh 喏！按呢恁大--的 毋即會拚！

老人：抑時到，阮大--的若共我漩咧？

江湖人：未啦！時到，我負責都著啦！抑無，岷江派欲按怎？欲下咧 khiau 去 hioh？

老人：好 liah！好 liah！我來共阮大--的搧大耳，會成功未成功，我毋知 liah。

江湖人：絕對成功--的，你緊去！

老人：好 liah！好 liah！我來去 liah！

江湖人：Hioh！人講「鱸鰻驚煎盤」，我都毋相信，若 nài 鼻--的去，
萬項穩好勢--的。

旁白：此滿另外來講此个 nài 鼻仔，規身人倒佇大板椅〔註11〕，佇
迌會 hai^n，hai^n 共未 hai^n，佇迌咧喘大氣，都著啦！

福州老人：（唱）明知失戀眞艱苦（khú〔註12〕），偏偏行入失戀路（lū
〔註13〕）。（白）人講失戀眞艱苦，實在有影！咱仔福州人，
今仔日即知影失戀。若講無娶某，失戀，he 算講會啦！咱
仔娶六个全款嘛是失戀，啥物原因（ōang-in），恁知影莫
知影？

後場：毋知！

福州老人：我娶六个某！大的佮第二的，講下港咧割稻仔啦，講較
好價、較好價，割稻仔一日食五頓啦！講 in 兩--个，大
的佮第二的招咧，欲去下港割稻仔，都欲趁「司公錢」…，
無無，私奇（sai-khia）錢啦！哦！第三--的 佮第四--的，
有樣看樣，無樣家己想。講頂港此此 ho͘^n，工場經濟復
甦囉！啥物經濟較好，工場價數較好囉。In，兩--个人招
咧，講欲去 tòa 工場啦！咱想講，唉！有影，he 大--的 佮
第二--的，he 老齒--的、粗牙--的啦，欲去割稻仔趁「司
公錢」，做伊去！第三--的、第四--的，he 中齒--的啦，欲
去踮工場。去啦！無有關係、無有關係。我猶有兩个幼
齒--的，猶有第五--的佮第六--的。你都知影咱仔福州人
較愛食幼齒--的囉。第五--的，嬌干焦嬌咧，嬈 pai leh-leh，
咱若講一句，伊講十句啦！起毛〔註14〕稞，咱共搧啦！
講哼，包袱款咧，欲轉去外家啦！轉去唔！轉去唔！無

〔註11〕指又長又闊的椅子。
〔註12〕「福州老人」在口頭表演中總是怪腔怪調，如臺語老歌的「苦」（khó），卻唱
成「khú」，而「原因」（gôan-in）唸成 ōang-in。此外，否定詞「無」卻唸成
mô。
〔註13〕這首歌應該是 1958 臺語電影《明知失戀眞艱苦》的主題曲，那卡諾作詞，楊
三郎作曲。
〔註14〕「起 mo͘」指身心所感受的心情，應源自日語的「きもち」，已經變成生活常
用的語彙。

有關係！嘿嘿…，咱仔猶有第六--的，十七、八歲。嘿
嘿！幼齒--的、幼齒--的！駛此箍老『窟窿』，第五--的一
下走，睹第六--的幼齒--的，幼都干焦幼，都掛免戰排，
免孝〔註15〕！有影免孝！Hân？免戰牌講毋知哦？

後場：毋知！

福州老人：恁阿媽十八歲！有娶某過啊，煞毋知影講「太太掛免戰
牌」啥物意思囉。凝（gên〔註16〕）！凝！下咧大頭 khok。
干焦 hahn，都大頭 khok 啊！有某比咧無某，莫怪咱仔福
州人佇咧失戀。

老人：我來啊！哇！當時仔大--的，抑你佇你後洞！Hiông--的你佇遮，
佇咧撐 liah！

福州老人：Hmh？免好禮！免好禮！我咧看你又槓龜啊！欲來借錢
囉！毋免借！毋免借！一角銀嘛無啦！啥物『樂〔註17〕』，
啥物『樂』啦，閣烏白『樂』囉！又閣無錢（chhiân）啊，
欲來拐啦！免拐免拐，一角銀都未出得！

老人：無啦！大--的，hiông--的今仔日我毋是欲來借錢--的 liah。

福州老人：毋是借錢，你來欲著猴〔註18〕？

老人：煞毋知影講，阮嫂仔大--的佮第二--的去割稻仔，hiông--的第
三--的、第四--的蹛工場，第五--的佮你冤家！

福州老人：Hmh，都著毋！

老人：抑睹第六--的講掛免戰牌！

福州老人：恁阿媽十八歲！抑阮某掛免戰牌，你也知啦？抑你毋都
去共偷看囉！

老人：嘿嘿！無啦！抑拄仔你咧講啊，我毋即會知。

福州老人：啊 hioh！都是恁嫂仔掛免戰牌，咱仔福州人毋即會按呢
hohn，礙謔（ngāi-giȯh），一暗弄拵破四領草蓆。真正有

〔註15〕 「孝孤」的縮減。

〔註16〕 「凝」念 gêng。主演特別誇張福州老人的鼻音，唸成「gên」。

〔註17〕 即臺灣民間自發性的彩券遊戲「大家樂」。1980 時代末，政府還發行愛國獎券，
但有些人開始以愛國獎券開獎號碼作爲賭博輸贏的標準，最後幾乎形成撼動
社會的全民運動。

〔註18〕 「著猴」，原指囡仔患類似脾疳之類的疾病，引伸爲罵人愚戇的話。

影無某眞艱苦！買零星（lân-san）--的，蹤短 chōa 仔，
mô-lò-sâi〔註19〕！Mô-lò-sâi！

老人：Eⁿ！Hiông--的大--的，你毋免煩惱啦！我專工來共你報一下好
　　　消息啦！

福州老人：你無啥物好消息啦！你這 hoⁿ，毋是借錢 hoⁿ，都是咧
　　　　　畫啦！你…，你…，你無好消息通講啦！

老人：大--的，今仔日眞正都有影好消息！我知影講，你此滿咧哈，
　　　哈 kah 大頭 khok，哈 kah 頭殼會蒸（chhèng）煙！抑我專工欲
　　　共你報一的眞正好孔--的！

福州老人：Hmh…，啥物好孔--的？你講！

老人：我按呢三行四行，hiông--的去 tñg 著一个美人島！

福州老人：Hâⁿ？美…，美…，美人島？抑美人島內底，毋都攏查某
　　　　　--的？

老人：哦哦…，講外濟都外濟！He 逐家攏嬌 kah 按呢…，曌五、
　　　六輪到來，正港彼个西洋 bai-ơ-lín（violin）形--的。嬌無打緊，
　　　少年攏兼古錐。抑我知影你愛食彼號幼齒--的，he 專門佇咧
　　　顧目晭--的都著啦！抑煞毋知影講，美人島內底有一個女王
　　　此滿準備都欲嫁尪。

福州老人：美…，美人島的女王都欲嫁尪？

老人：哈喏！抑你此滿拄仔咧哈七〔註20〕咧，哈 kah 頭殼會蒸煙！
　　　你此滿來美人島來娶女王，抑你都毋免講礙謔，挵破四領草
　　　蓆啊！

福州老人：Hmh？哈哈…，抑有通好吐死人〔註21〕？Chhảp-chhảp 滴
　　　　　--的都孝了去啊，無倘好撞（tñg）著長嘴管--的囉；會食
　　　　　哩，你老人都食了去啦，抑有通好著到我？

〔註19〕　「Mô-lò-sâi！」是臺灣民眾日常生活常聽到詞彙，指沒用的意思。筆者原以爲
　　　　是客語，但請教過許多客家人，他們卻都堅稱是「臺語」。後來請教筆者的父
　　　　親，他率直地指出是福州話。查《福州方言詞典》，福州話「無乇使」指沒用
　　　　處，或無濟於事的意思，但發音 mo-no-lai（李如龍，1994：210），與臺灣經
　　　　常聽到的 mô-lò-sâi 略有不同。不知道是因爲語音演變過程中產生的差異，但
　　　　可以肯定的是這個詞已變成臺灣眾所皆知的通用詞彙。

〔註20〕　七，似乎是戰後的流行語，指外遇的對象，可能是從華語的「妻」來的。

〔註21〕　「吐死人」（thó-sí-lâng），形容男人興奮時的樣子。

老人：按呢啦！我老人去予選，he 女王按那講 neh？

福州老人：按…，按…，按怎講囉？

老人：伊講「啊！老人，你的人傷瘦（sán）！瘦閣無牽挽（khan-bán），續落去兼薄板〔註22〕」，講「我這若佮伊做尪某，母免三暗，我都啊嘻…，啊嘻…，肺癆第三期--的隨到，馬上現消 phiaⁿ〔註23〕兼敗腎〔註24〕！」伊講「愛一个較大箍--的！」叫我轉來焉。抑若內底大箍--的 hohⁿ，你都算講，有著--的咧！

福州老人：大箍是無啦！兩百外公斤耳啦！兩百外公斤囉！

老人：Hioh 喏！伊講愛大箍--的！抑你此滿來去，一定當選！娶女王，外婿你敢知？

福州老人：Hmh？敢…，敢有影？

老人：我絕對無騙你啦！若騙你，即予你漩好--無？抑兄弟仔，煞無講，別人罔牽，我也會牽你？我佮你同齊--來，按呢母都好啊？

福州老人：Hmh…，按呢有理哦！有理哦！碗糕咧，都 kah 聘金誠貴囉！

老人：母免聘金！無條件送人做某！

福州老人：抑若按呢我看，外婿，宛若母成物啦！若母是跛腳、香櫞〔註25〕（hiuⁿ-îⁿ）尐--的，都 khi-chi-nái〔註26〕兼起痟--的；抑若無，都退的鱟瓠面，雷公嘴，暗時仔咧眠，閣勢放屁--的啦；抑若無，都會 giok 自動車〔註27〕--的，也有彼號母免錢--的，欲嫁--人？

老人：女王，he 好額人咧！錢欲佮伊相咬 hioh？伊講看合意都好！抑少年--的無愛，伊講少年--的無經驗，愛老歲仔！

福州老人：嘻嘻！若按呢有理、有理！若老，咱仔福州人有影老經驗、老經驗！母是我咧歕--的，包君滿意，一定予笑紋紋，續落去閣會叫『哥哥』，即有講--的！

〔註22〕 「薄板」，指用薄枋做的棺木，即粗俗的棺材。

〔註23〕 「消 phiaⁿ」指腳脊 phiaⁿ（即背部）凹陷的情況。

〔註24〕 「敗腎」，指性功能失常。

〔註25〕 「香櫞」是一種漢藥名，即佛手柑。

〔註26〕 此詞的語音似乎有點走音，可能是日語「気違い」，指精神錯亂的瘋子。

〔註27〕 形容外貌長得醜，連公車司機看到，都不願意停靠站，如劉祥瑞演出版本所說的「公路局看著，穩當無愛 h³坐」。「自動車」是日文漢字，即汽車的意思。

　　老人：按呢好！行！來去！

　　福州老人：富（pù）死啊！來去娶女王！來去娶某！

　　「江湖人」總是自稱「岷江派幕後設計組的組長」，專門在「設計」別人。臺語「設計」（siat-kè）一詞的語意，與英文 design 無關，也不同於華語相關的「室內設計」之類意涵，而是設下陷阱，等待獵物自動送上門的意思。「江湖人」在岷江派面臨危機時，總是能夠想出計謀解決難題。這次面對「白骨千姬」的挑戰，他的答案非常簡單，就是派「福州老人」出征。但「福州老人」是有名的膽小鬼，「走予*人 giok，嘛著冠軍」，怎麼可能讓他上戰場？「江湖人」看穿「福州老人」的好色的弱點，所謂的「國際牌的老豬哥」，只要煽動他有美人島的女王需要徵求老公，事情就很容易成功。

　　這是相當典型的事件交互干擾（l'interférence des séries）。兩組原本不相干的事件，卻同時發生在同一個情境中。「江湖人」想要解決當前的外在挑戰，而「福州老人」想要娶老婆。這兩件原本毫不相干的事件，卻同時發生。「福州老人」娶了六個老婆，卻都不在他身邊，只好讓他整天高唱「失戀真痛苦」。這時他的兄弟「老人」對他講一個美人島豔遇記的故事，馬上搔到他的癢處，興致勃勃地出發。「福州老人」的可愛，大概就是他對於自我慾望的誠實，無論是他的貪生怕死、好色、貪吃等，完全符合佛洛伊德所說的「快樂原則」，可說是心理學上「本我」（Id〔註28〕）的代表人物。事件交互干擾的雙方，卻各自有各自的解釋空間，甚至因而產生完全不同的詮釋意義。「江湖人」思考的是如何達成應付強敵壓境，而「福州老人」卻沈醉在他想娶老婆的美夢當中。無論春夢編織得多麼異想天開，說什麼美人島的女王只喜歡上年紀的老人，只喜歡經驗比較豐富老到，而且要身強體壯，越胖越好等荒唐的理由，「福州老人」卻都天真浪漫地信以為真。甚至到了戰場，別人煽動他說，女王要試前來應徵者的男性荷爾蒙是否充足，必須要比試拳腳功夫，他竟然也完全相信。觀眾笑聲的大小幅度，與「福州老人」受騙的程度成正比：他被騙得越厲害，觀眾的笑聲也越誇張。

　　「老人」是這位「福州老人」的弟弟，開口閉口都是以「hiông--ê」為話

〔註28〕佛洛伊德在《新心理分析導論》，將人的心理分成為三區域，分別是本我（Id）、自我（Ego）、超我（Super-ego）。而「本我」所滿足的生命原則，他稱為「快樂原則」，形容它像是一團混沌，沒有組織，沒有統一意志，只有一股衝動，順著快樂原則而行（Freud，1964：103～104）。

母，如「hiông--ê 一支嘴」、「hiông--ê 大--ê」等。這種語音特色，讓筆者想到昭和九年（1934）嘉義捷發漢書部發行的歌仔冊〈萬業不就〉的「凶芽」：

> 來說到我唐山過臺灣，
> 心肝就結歸丸，
> 我十三歲就過來賣雜稅，
> 凶芽搖一個鈴榔鼓，
> 食到二十外也無某領。

目前所見的歌仔冊，描寫先民渡海來臺的作品並不多見。最著名的應該是〈勸人莫過臺灣歌〉，但作品文言文的味道較濃厚，對故事細節的描寫也較簡陋（王育德，2000：215～223）：

> 在厝無路，計較東都。
> 欠缺船費，典田賣租。
> 悻悻而來，威如猛虎。
> 妻子眼淚，不思回顧。
> 直到海墘，從省偷渡（---）。

相對的，這首〈萬業不就〉描寫唐山過臺灣的移民生活如何辛苦，無論賣雜細、學司公、學搬戲、學打鐵都做不成，最倒楣的是流落到沿街賣甜桃，卻遇到一個剽悍的「朽彪婆」，加上語言不通而起爭執等糗事，故事情節的描寫相當有趣。〈萬業不就〉並非一般歌仔冊常見的七字一句形式，文字相當口語化，而且深具先民來臺時濃厚的鄉音特色。引文的「凶芽」，相當陳山林《南俠翻山虎》所描述的「hiông--ê」，而「無某領」的「領」，可能是特殊的說話語氣「liah」，如臺詞說的「hiông--ê 今仔日我毋是欲來借錢--的 liah」。「hiông--ê」是什麼意思？在《臺日大辭典》找到詞彙「hióng」，是泉州話「彼个」的意思。「hiông--ê」與「hióng-ê」的差別，在於聲調的第五聲與第二聲的不同，還有前者不唸出「gê」的連音。很有趣的，講泉州音語彙的「老人」，及特殊鼻音「福州話」的「福州老人」，在戲劇中卻被當作一對「兄弟」。布袋戲的口頭表演有時展現的是語言的遊戲（ *jeu de langage* ），對於臺語的相對穩定性而言，這些外來的語彙、語音意義等，不一定是被精確的辭典定義所限定的，而是以一種「外來者」的面貌被指認出來。

　　陳山林的《南俠翻山虎》運用不少臺灣民間生活素材，如「去下港割稻仔」、「一日食五頓」，或「頂港工場經濟復甦」等，都曾經是中臺灣農村生活關心的焦點。筆者 1997 年在彰化二林做田野調查，當地五十歲以上的男人年輕時，印象最深的生活方式就是到屏東割稻。南部的稻子早熟，他們由南而北沿路收割賺工錢，等回到中部時，剛好家鄉的稻子成熟等待收割。在這樣的口頭表演中，彷彿可感受到 1970 年代臺灣農村的景象，及農村過剩的人口轉向都市的工廠等經濟轉型的社會變遷現象，確實是相當貼近民間的生活經驗。

（二）《萬花樓》的範例

　　古冊戲也可活用事件交互干擾而產生喜感。比較斗六黑鷹掌中劇團柳國明的《萬花樓》如何不同於章回小說，將可發現民間藝人以豐富的想像力與活潑的言語。

　　《繪圖萬花樓》〈第二十四回　出潼關虎將行刺／入酒肆母子重逢〉的相關文字：

> 這張文急忽忽來至家中，將門扣幾聲，酒保早已熟睡，被他夢中驚醒，起來開了店門，原來是老爺回來。我酒保原何稱張文是老爺？只因前年做過游擊，人人皆以張老爺呼之，即近處的老百姓或朋友也是慣稱張老爺。當下酒保揉開眼睛道：「老爺，今早有親眷來探訪爾了。」張文曰：「是什麼親眷？」酒保曰：「老爺你不知緣故，待小人說，此人乃威風凜凜，氣宇軒昂，穿戴金盔金甲，好一位武官。太太說是他兒子，金進內與奶奶二人同吃酒談心事。老爺還該進去陪他吃數杯。」張文曰：「此人姓甚名誰？」酒保曰：「姓狄名青，老爺認得他否？」張文曰：「如此果然是吾舅子了。」（p.93）

章回小說酒保直接將主題說明白，沒有任何懸疑的戲劇感，而布袋戲卻賦予這個角色新的任務，讓原本失散多年親屬相逢略帶感傷的場景，**轉變成一場捉姦誤會的喜劇**。這種天外飛來一筆的自由創作，純粹是布袋戲師傅想像出來的。小說文字結構的情節，一旦放在布袋戲師傅的想像力世界中，經由生動活潑的言語，轉換為舞臺的創作，不止三花腳「劉慶」的言語相當成功，自由表現在他使用的風格化口語，如肯定句回答語「hioh 啊」，或作為表現情

感的語尾助詞「hohⁿ」最特殊。對雜差役的角色更是維妙維肖，這裡的酒保命名爲「大頭憨」，連劇情也做更動。從命名來看「大頭憨」，「大頭」是角色外表造型，「憨」（gām）則是性格特質，在於不辨事理，兼有非分之想（陳修，1991：486）。這樣的劇情的更動，是隨著人物的性格而來的，其對話如下：

> 大頭憨：（唱）「欲去臺東咧花蓮港，欲予愛人 e…，尋無人」。（白）
> He 人想著…，么壽凝（gêng）！此个少年家仔無站無節。
> 人 he 孝孤〔註29〕（hàu-ko͘），是生（chhiⁿ）生仔，一擺二擺！
> 抑此个少年都抑毋是 lioh！入去內底，一暝一日攏無落眠
> 床腳。唉！我看此滿若欲落眠床腳 hohⁿ，著愛夯拐仔用托
> （thuh）--的，講實在--的！抑頭家猶未轉來，抑我人干焦
> 佇外口佇咧氣。唉…，人干焦凝都死，倒咧椅仔頂。He 頭
> 家是咧創啥？
> 張文：來了（介）。家僮！
> 大頭憨：毋*愛叫啦！
> 張文：家僮！
> 大頭憨：共你講毋*愛吵啦！生意毋做啊，恁父倒咧椅仔頂遮撐
> （the），較爽啦！
> 張文：家僮，我是張文 neh！
> 大頭憨：抑？么壽啊！He 頭家，你轉來！
> 張文：你此个死奴才！我用錢倩你，是叫你顧店。抑你夯撐椅，煞
> 倒咧椅仔頂咧共我歇睏！我準做人客來，你含欲照顧生理都
> 毋，按呢你什麼意思？
> 大頭憨：頭家啊，較…，較…，較細聲咧。
> 張文：你咧講什麼？什麼叫我較細聲咧？
> 大頭憨：抑都較細聲咧，我共你講 hohⁿ！
> 張文：講什麼代誌？
> 大頭憨：恁某佇內底偷咬雞仔。
> 張文：你此个死奴才！你講遮細聲，是咧鳥鼠仔嫁查某子，聽無半
> 句。講較大聲咧！

〔註29〕原指祭拜孤魂野鬼。隱喻餵飼牲畜，或狼吞虎嚥的吃相。

大頭憨：頭家啊！我共你講 hoʰ！He 恁某佇內底討客兄！咧偷吃
　　　　啊！含恁丈姆也有啊！

張文：你此个死奴才！

大頭憨：哦？頭家你按呢共我搧落*去？

張文：你遮大聲！是欲嚇（hehʰ）驚人？

大頭憨：He 人真疑！細聲嫌細聲，大聲嫌大聲。

張文：講平常都好。

大頭憨：煞毋知影講頭家你無佇咧，恁某，阮頭家娘 hahʰ啊！擋未
　　　　tiâu 啊！看著一個緣投囝仔來啊！恁某看著彼个少年家緣
　　　　投啊！從按呢𤆬彼个少年家入去房間啊！Khoh-lok-koaiⁿ，
　　　　giⁿ-koaihⁿ-sà，lit-lok-chheh，lit-lok-chheh〔註30〕。毋那按呢啊，
　　　　含恁老丈姆也參加有分啊！兩母仔子股東一个少年家。

張文：什麼？你咧講的意思「我的家後紅杏出牆」？

大頭憨：Hioh 啊。

張文：明明欲氣死我！

大頭憨：頭…，頭…，頭家啊！免氣！免氣！我內底 hoʰ，準備 he
　　　　一支齊眉棍，么壽大支，等頭家你轉來掠猴。我順續來搧
　　　　he 豬八戒 in 阿兄，he 長嘴管--的，伊會愛孝孤！一擺搧一
　　　　下都予伊 mi-mi mauh-mauh，配骨頭現轉去〔註31〕。

張文：按呢好，我先入來。

大頭憨：好。

張文：我若喝一聲「掠猴」，欲拍人的時陣，我叫你出來，你著好衝
　　　　出來。

大頭憨：我會曉喏。

張文：我先行，你綴後壁來去。走。

大頭憨：哦哦…，長嘴管--的，chhap-chhap 滴--的，你都欲差不多啊！
　　　　恁父內底夯 he 齊眉棍較大箍--的，準備搧你此隻豬八戒啊。

〔註30〕這些聲詞，可能純粹是物理聲響的想像描寫，包括關門的木板聲、扣門栓的
　　　　聲音、以及男女性愛所發出的節奏聲音。
〔註31〕「配」有發送的意思。「配骨頭現轉去」，就是立刻將屍骨運送回去，指不會
　　　　給對方好過之意。

十幾年前，筆者曾在屏東崇蘭埔三山國王廟，看到某掌中劇團演《五虎平南》。其後臺以布棚包得密不透風，以免讓人發現這麼生動有趣的口白與後場都是錄音的，結果包括筆者在內，所有的觀眾竟然也看得津津有味。回想起來應該就是柳國明灌錄的戲齣。他的代表作《萬花樓》，龍圖閣大學士包公辦案的勇猛威嚴，及武將莽夫焦廷貴的粗線條個性，表現得相當令人印象深刻。《萬花樓》狄青與母親、姊姊在當年被大水沖散之後，竟然異地重逢的溫馨場面，對於僕人「大頭憨」而言，卻被想像成一場不倫的婚外情，不但連張文的妻子、岳母等人都被當作偷腥的壞女人。如此同一個事件，卻被不同的人各自理解成不同的意義，而雙方各自理解的差異越大，越誇張荒謬，觀眾越覺得好笑。尤其「大頭憨」懶洋洋地躺在椅子上抱怨為什麼老闆還沒回來，或捏手捏腳地叫張文要小聲一點，還有他所幻想的聲響，包括關門的木板聲、扣門栓的聲音、及男女性愛所發出的相當有節奏的聲音「Khoh-lo̍k-kûaiⁿ, giⁿ-koaikⁿ-sà，lit-lo̍k-chheh，lit-lo̍k-chheh」，都非常讓人忍俊不住。既好事糊塗，又不明是非的家僮「大頭憨」，最有特色的語助詞應該是「he」，如「He 人想著---么壽凝」、「he 頭家你轉來」、「我內底 hohⁿ準備 he 一支齊眉棍，么壽大支，等頭家你轉來掠猴」。這個角色生動靈活又活潑的言語，也非常令人印象深刻，如將好色男稱為「he 豬八戒 in 阿兄」、「長嘴管--的，chhap-chhap 滴--的」。

　　「大頭憨」言語造型的創造，其實是來自民間生活的素材，如他自怨自哀唱的曲子，其實是來自恆春民謠。這首通稱【臺東調】的民謠，因為旋律優美，後來在歌仔戲、流行歌被重填詞為《三聲無奈》和《青蚵嫂》而廣為流傳。其原始的歌詞，可能是早年有很多恆春人到臺東墾荒，歌詞背景充滿了出外人面對陌生環境的恐慌，及期盼受到當地姑娘的疼愛（簡上仁，1987：62）：

> 來去臺東　　　花蓮港
> 路途生疏仔喂　　不識人
> 希望阿娘仔　　　來疼痛
> 疼痛阿哥喂　　　出外人

「大頭憨」所吟唱這首曲子，歌詞已經改為「欲去臺東咧花蓮港，欲予愛人--尋無人」，似乎有一種為情所困而流浪他鄉的心情，或有志不能伸的感嘆。這

些民間生活的素材，其實是創造戲劇人物相當豐富想像力的血肉。布袋戲的口頭表演相當多的創作營養，是來自民間人面對生活的心情，及因而產生的音樂旋律，甚至天外突然飛來一筆的想像力。就是這種想像力，讓他們在面對枯燥的生活瑣事不至於毫無生趣。「大頭憨」所營造的想像世界，經常與事實無關，甚至是顛倒的，如唐吉訶德（Don Quixote）將妓女想像成貴婦一般。同樣的事件，對狄青及其母親、姊姊、姊夫張文等失散多年的親屬異地重逢，而「大頭憨」卻將之想像成一場不倫的婚外情。只要這樣的想像越誇張、越癡傻，就越能產生喜感。

三、「化裝」產生的喜劇

化裝（hòa-chong），是布袋戲中常用的術語，指某角色經過變裝的程序，而讓其他劇中人誤以為是另一個人，相當符合「預期與事實顛倒」的喜感。

化裝的喜劇場景，至少有兩種類型：一種是醜男扮女裝，尤其是觀眾已經相當熟悉的醜男人，卻打扮成妖嬌美麗的女子騙過對方。在「色不迷人人自迷」的情況之下，連滿臉皺紋的老阿婆也可以看成二八佳人。這樣的戲劇場景，被騙得一方越是迷得團團轉，觀眾笑得越開心。另一種是文盲冒充文人雅士。識字不多的大老粗，卻假扮成大文豪的傳人，在騙得眾人花了大把鈔票之後，卻因為喝酒興奮，一時得意忘形而事跡敗露。以下討論這兩種喜劇場景：

（一）醜男扮女裝

醜男扮女裝所產生的喜劇場景相當常見。臺中聲五洲王金匙的《孫臏下山：七國軍師》，孫臏利用九曜山的山大王生日做壽的機會，命令士兵扮成清歌妙舞的女子，山大王在女色美酒迷惑之下，都還未上戰場就已經成為孫臏的階下囚（聲五洲，2001）。早年陳俊然的《南俠：無價值的老人》，可說是這類喜劇相當成熟的作品。劇中的「老人」既中了「江山美人」的計策，必須硬著頭皮前往「風火谷」探陣。以往「老人」參加子弟戲排場，是扮演正旦，因而假扮成妙齡少女前去探聽情報（陳俊然，1969）：

> 妖道：（獨白）哦？日頭黃昏，閣有一个查某，佮我咧眉來眼去。嘿！
> 　　　用 he 目尾咧共我 sut，閣咧共我搧（iàt）啦，搧對樹仔腳直直
> 　　　去。這查某倚來到地，閣共我 kēng 一下。看伊按呢行路，三

七五仔、三七五。哇…，來來來！這我看，略仔會賺食哩。
向前『看個明--ê白〔註32〕』！（白）咱此位姑娘，『請了』！

老人：公子，『請了』！

妖道：哦！閣共我激 kah 此號…，若像彼號鶯聲燕語，抑抑是蛾聲
鴨語〔註33〕？哦！抑此個會偎哩！此個會偎哩！小姐！

老人：在！

妖道：今仔日，你哪會家己一個來此個所在？啥物緣故咧？

老人：人阮知影恁遮人誠大陣，無頭路可食，欲來遮共恁洗衫、煮
飯，兼焦囝仔了！

妖道：焦囝仔？

老人：是了！

妖道：阮遮修道人，欲哪會有囝仔倘好予*人焦？

老人：此个囝仔佮彼个囝仔無相像了。

妖道：呵呵！按呢我都知影，這會偎哩啊！抑但是你叨位的人？你
嘛共我報一下名姓，住址報明，我來報告我的師尊。你是啥
物人咧？

老人：奴家「子宮炎」，母親「盲腸炎」，兄哥「淋病」、阿爹「洩精」
是了。家住在「花柳巷、性病院」了，在「癩哥街」人氏了。

妖道：抑哪會有此號名？奴家「子宮炎」？母親「盲腸炎」？兄哥
「淋病」？阿爹「洩精」？「花柳巷、性病院」？「癩哥街」？
嘿嘿！唉？我哪會毋捌聽著此號住所？姑娘！按呢好，我來
報我的師尊，看我的師尊有欲 共你收納--無。

老人：望你共我引進了！

妖道：這毋倘烏白行哦！這內底有布置此號「鎖地雷」啦！毋拄好
失覺察（chhat）若去踏著，地雷爆發，要活命為難。這都是
明天欲收拾南俠翻山虎，有聽*見--無？你毋倘烏白行。

老人：原來如此！

〔註32〕 以下雙引號中的詞彙，應該都是來自北管子弟戲的慣用詞，念起來有官話的
味道。

〔註33〕 「蛾聲鴨語」，應是主演自行創作，卻意思不通的形容詞，似乎是為了凸顯這
位好色的妖道看到美麗女子已經昏頭，連形容的詞彙都已經錯亂。

妖道：是了！

老人：（獨白）嘿嘿！按呢情報咱仔提著啊！我都欲走啊！駛恁『窟
　　　　窿』，等咧都欲焉我去見 in 師父，我寧可此個共牽來芎蕉腳
　　　　遐，共抨掉去，我都欲來旋啊！Kah 今準備有「鎖地雷」，蹁
　　　　遮驚予*人看*見，我寧可此一個 共牽來芎蕉腳遐，即來共修
　　　　理。（白）英雄！望你認真共我引進了！

妖道：當然我會認真共你介紹。

老人：恐怕你無盡心，我先報答你了！

妖道：Hâⁿ？欲用啥物報答我？

老人：我也無金錢，我用現成的物件報答。咱來芎蕉腳遐，來遐「刺
　　　　（chhiah）皮鞋〔註34〕」了！

妖道：哇…，按呢好！按呢好！

老人：隨我來了！

「化裝」的場景，是主演以展現口白表演技巧的最佳時機，角色的音色忽男忽女，爾而又出現官話念白的子弟戲味道。「老人」變裝爲妙齡女子，口語的習慣突然變得相當形式化，或許他是把變裝當作在演歌仔戲，或子弟戲，幾乎所有的對話結尾詞，都要加上一個「了」（liàu），如「是了」、「我先報答你了」、「隨我來了」。這種一再機械性反覆的詞尾所造成的喜感，即柏格森所謂的「重複」。

這是個典型的預期與事實顛倒的喜劇場景，所有觀眾一開始就知道「老人」變裝爲妙齡女子的企圖，而劇中人卻毫不知情，反而在性暗示之下，不斷造成一相情願地相信對方是女子的身份。只要是騙人的、或性暗示的手法越荒謬，被騙的人越是信以爲眞，整個喜劇的「笑果」也越強烈。「老人」編造的理由越是荒唐，說什麼「她」來的目的，是爲不結婚的修道人「洗衫、煮飯，兼 chhōa 囝仔」，還有「她」的名字與身世，什麼「奴家子宮炎，母親盲腸炎，兄哥淋病、阿爹洩精。家住在花柳巷、性病院，在癩哥街人氏了」，讓觀眾一聽就完全明白是胡扯，而喜感卻是由於被騙的妖道聽得完全入迷，最後還被一番性暗示的話

〔註34〕　「刺皮鞋」原本指手工製造皮鞋的動作。《臺日大辭典》有歇後語「刺鞋合著
　　　　腳」，或《臺灣話大詞典》有「刺鞋合我的跤」，指別人的辛苦的成果，卻讓
　　　　自己不勞而獲（陳修，1991：390）。「刺皮鞋」應該是性暗示的話語，指女子
　　　　自動送上門來的好處。此外，「刺」的動詞，指以尖狀物來縫紉，或插入的動
　　　　作，如做女紅的「刺繡」，或紋身的「刺字」，「刺」的動作本身，容易引起性
　　　　的聯想。而「皮鞋」穿入的動作，更是有想像空間。

語「刺皮鞋」引到香蕉樹底下，生命陷入危險當中而絲毫不自覺。被騙的人越是笨，觀眾的笑聲就越誇張。這種喜感是來自，如英國哲學家霍布斯（Thomas Hobbes, 1588～1679）所說的，因鑑於他人的缺點而讓自己產生突然的榮耀感（sudden glory）（姚一葦，1966：62～64）。男人扮成女人的角色，如果在戲劇中的形象已經是眾所周知的醜男，而所假扮的女子越不正經，加上受騙者越是一廂情願，越是信以為真，整個喜劇效果就越成功。

（二）文盲冒充雅士

黃俊雄在 1982 年 6 月在臺灣電視公司播出的《大唐五虎將》片段，主要情節是王奇化妝為郭子儀模樣，在螺螺山羅家寨接受羅太保、羅少保招待，結果因貪酒誤大事，被人識破。對照坊間通行的章回小說《月唐演義》，按故事發生的時機，應該在〈第三四回 李太白代天巡狩〉的前後，但小說中卻找不到類似的情節。因而可以肯定地說，這是純粹民間藝人活潑自由的創作，其言語相當有特色，筆者紀錄如下：

> 妖儸：稟寨主！外口有一個少年家，哦啊…，大雅之方，講號做郭子儀，欲來拜訪。
>
> 羅太保：Hân？管伊啥物人攏仝款！閉門謝客！
>
> 羅小保：主不待客，非禮！大哥，咱過去宛若捌去予請過，應該都是…，愛來共迎接啊！
>
> 羅太保：郭子儀請咱，伊都無現面啦！Hân？只是干焦用伊的部下，抑共咱招待，清彩耳耳！咱嘛無須要現面，佮伊見面。
>
> 羅小保：唉啊！因為郭子儀交陪真濟人，所以真無閒，當初即無親身共咱招待！既然來到咱此个羅家寨，咱應該都愛共*人迎接啊！
>
> 羅太保：好啦！好啦！
>
> 羅小保：有請！
>
> （音樂過場）
>
> 羅小保：郭英雄大駕光臨。失敬，罪有多多！
>
> 王奇：『好』說了！『好』說了！匆『忙』來到，慢得『通報』，望你賜罪賜罪哦！
>
> 羅太保：E…，郭子儀咧講話，呔會按呢？

羅小保：是啊！因爲 in 這有讀冊的人，所以咧講話，攏有牽調
　　　　（khan-tiāu）啦！

羅太保：哦…，按呢是毋？唉呦…，聽*見講，郭子儀，你都是才高
　　　　八斗，而且你的武功，也練誠好。今仔日會當來到我羅家
　　　　寨啊，眞是阮兄弟三生有幸。

王奇：是啊！大學、中庸、四書（sù-su）、五經、黃石公〔註35〕、三
　　　韜〔註36〕（sam-tho）、四略〔註37〕（sù-liák）、孫子〔註38〕、
　　　戰策，攏總愛讀。

羅太保：哦…，大學！

王奇：是！阮先生，都是李白，叫做李學士、翰林大學士。大學之
　　　道，在明明德，在親民，在止於至善。知止而后能定，定而
　　　后能靜，靜而后能安，安而后能慮，慮而后能得。知所先後，
　　　道則近矣。

羅小保：Hmh…？尾句敢毋是「則近道矣」？

王奇：攏總相像（siâng）啦！

羅太保：喂，老細仔！伊咧講 he，我鴨子聽雷。你敢聽有？

羅小保：當然啦！啊…，著！郭英雄到位，準備野味招待吧。

王奇：Eⁿ…，毋倘！因爲牛鼻-- 的行咧交代，絕對未使啉酒！若啉
　　　酒，恐驚伊會誤大事。

羅太保：啥物牛鼻-- 的？

王奇：哦…？好啦！既然你的好意，當然我郭子儀也是愛共你承受
　　　起來。不過，我若欲予*人請，我的人眞坦白啦，hoⁿh！我共
　　　你注文〔註39〕（chù-bûn）啦，紅蟳、鹿肉、紅燒水雞、蝦仔

〔註35〕《史記・留侯世家》黃石公，相傳是張良逃亡到下邳後所遇見的人物。他將
　　　兵法傳授給張良。後世流傳《黃石公三略》，側重於從政治策略上闡明治國用
　　　兵的道理。

〔註36〕應該是指《六韜》《三略》，均爲中國古代兵書，攸關戰鬥用兵的道理。《六韜》
　　　指文韜、武韜、龍韜、虎韜、豹韜、犬韜。《三略》指上略、中略、下略。在
　　　此，王奇假冒郭子儀吹噓的說辭，很可能是將這些數字略增、略減，而成爲
　　　《三韜》《四略》。

〔註37〕略：liók 泉音／liák 漳音。

〔註38〕即《孫子兵法》，是中國古代的兵書，全書爲十三篇，是春秋末年的孫武所寫。

〔註39〕日文詞彙。指預定。

炒，抑有蚶（ham）、抑有蟯〔註40〕（giô）、澎澎湃湃、海鮮、

寧波菜〔註41〕（lêng-pho-chhài）…

羅太保：哦…！此攤，開落*去，規千-- 的！

羅小保：是，來人啊，準備招待郭英雄就是。

（音樂過場）

羅小保：哦，郭英雄！再飲（ím）幾杯吧。

王奇：（反胃聲）

羅小保：你酒醉囉！趕緊來歇睏。

王奇：啥物…，啥物咧酒醉？我…，此个王奇…，規世人…，咧予*

人請，攏毋捌…酒…醉！毋是咧臭…彈-- 的啦！

羅小保：Hân？王奇？難道你毋是郭子儀嗎？

王奇：哈！郭子儀，阮換帖-- 的！嘿…，我人攏叫我蕃薯啦。

羅太保：哼！冒充郭子儀的名，害我了一攤，抑這無共你…

羅小保：且慢！毋倘共伊拍。喂，王奇！

王奇：按那？你哪會叫我王奇，在下郭子儀。

羅小保：哼！你酒醉誤大事，本來想都欲共你警告。但是，你已經

酒飲大醉，按呢共你拍也沒意思！你趕緊轉去，叫恁老大

-- 的，郭子儀本人來！否則，我無放你煞。回去！

王奇：好好，郭子儀…，佮王奇欲來告辭了啊…

羅太保：哼！你都是傷尊重郭子儀，所以即去予伊卡（khah）一攤，

遮*呢大攤。

這是典型的顛倒的喜劇場景，而言語轉換的口頭表演最爲重要。一位原本糊里糊塗的侍從步將王奇，竟然要冒充郭子儀，他大膽地改變自己一貫的言語

〔註40〕布袋戲點菜的菜單，經常蘊含著性（sex）的暗示，是口頭表演相當常見的喜劇主題之一。如「蟯」，是一種海蛤類，「粉蟯」即華語所說的文蛤，因其形狀，引伸爲女陰，如「一粒蟯 khah 贏三條茄」（董忠司，2001：342）。同樣的，「蚶」在澎湖的語境中有女陰的意思（董忠司，2001：363）。「紅燒水雞」的「水雞」在南臺灣的語境有指女性生殖器官，爲避免語意混淆，青蛙在南臺灣往往被稱爲「四跤仔」（董忠司，2001：218）。

〔註41〕寧波菜是江浙菜中的一大主流，因寧波東瀕大海，盛產海鮮，因此寧波菜擅長海鮮烹飪，具有鮮鹹合一的特點，烹調以蒸燉見長。其代表菜有：寧波雪菜大黃魚、寧式鱔絲、黃魚羹等。（http://www.epochtimes.com/b5/3/9/11/n374079p.htm）

風格，想模仿讀書人出口成章，滿口四書五經的形象，努力背誦了一大段落的《大學》，末句卻順序落錯。兩個角色之間，不只個性的對比，連言語、口氣、身份地位也有相當差異。文言音以及古典經文，對應於戲劇中社會地位較高的角色，如郭子儀；而白話音以及日常生活中對於菜餚名稱，則對應於社會地位較低的角色，如王奇。這些言語模仿的表演，相當維妙維肖，很容易說服觀眾這是兩種不同的角色在交替。臺語的文言音與白話音，是在同一個言語社群中的產物。大量文言音的交錯使用，應屬於美學的特質，目的是為了讓整體的表演風格顯得更有立體感。

再現藝術以及文學作品最可能進行反諷，因其呈現出來的虛假的表象，很容易矇騙反諷的受害者（顏元叔，1973a：345）。王奇裝腔作勢，努力營造學富五車的樣子，讓羅太保、羅少保以為他真的是郭子儀。原來他們心目中的郭子儀，是一個念這麼多古書的文人雅士。即使再多附庸風雅的文言音，對酒後吐真言，自稱外號叫「蕃薯」的王奇而言，卻是一種戲劇性的反諷。「蕃薯」這個可愛的名字，很容易讓人想到文學中臺灣的意象，或鄉土熟悉的人物。筆者伯父的外號「蕃薯」，即我們口中的「蕃薯伯仔」。自稱「蕃薯」的王奇，或許正是許多臺灣人形象的象徵。臺灣人以往一直都在學習高尚的經典或藝術，現在或許仍然如此，然而無論花多大力氣努力學習，所能達到的或許只不過是東施效顰。王奇因生性貪吃，一聽到羅少保提出邀請，忘情地向對方提出菜單，「我共你注文！紅蟳、鹿肉、紅燒水雞、也有蚶、也有蟯、澎澎湃湃、海鮮、菱波茱」，洋洋灑灑念了一大堆菜名，令人目瞪口呆。如果我們瞭解這些布袋戲的菜單，如「水雞」、「蚶」、「蟯」等詞蘊含的性暗示，那麼這種「sông 閣有力」的方式，或許正是顛覆虛假的附庸風雅的一種戲劇諷刺手法。

第三節　小　結

笑詼戲可說是布袋戲除文戲、武戲之外，最常見的演出段落。我們將笑詼戲分成語詞喜劇、情境喜劇兩類。所謂的語詞喜劇，也就是因戲劇中的諧音、外來語、譬相、語法等所產生的喜感。而情境喜劇，則是因特殊的情境，無論是預期與事實顛倒，或事件交互干擾，而引起的喜劇。所謂的事件交互干擾，指兩組原本不相干的系列事件，卻同時發生在同一個情境中，而雙方卻各自有各自的解釋空間，甚至完全不同的詮釋意義。

　　語詞喜劇方面，「諧音」其實是將某一個詞彙的語音，理解成另一個詞彙的意思。布袋戲的口頭表演，這種因諧音詞彙而產生的喜感，「笑果」非常迅速。其次，將外來詞彙混雜在本土語詞之間，當作相同韻腳的詞彙群一起使用，以達到一種反諷的喜感。或以外來語來指稱隱諱的男女性愛的關係，也會產生的喜感。而譬相產生的喜感，可說是一種文學想像力。我們將「譬相」與另一個詞彙「供體」作區分，後者幾乎被等同於罵人的同義詞。譬相，卻是以對方的身體特徵來譬喻，有時很有文學的想像力，形容得相當貼切。語法的喜感，常來自一種語法不當的省略，或用詞不當而產生的誤解。既然語法的錯誤會產生喜感，那也意味著觀眾心中必然有正確的語法觀念。這些觀念並非行諸文字，而是在觀眾接收語音，在理解的同時，就會產生與劇中人意念相反的理解。

　　情境喜劇方面，首先討論當事人主觀的預期，及客觀的事實之間顛倒的情境所產生的喜劇。原則上，這也是屬於「顛倒」原則的喜劇。布袋戲中另一種常見的預期與事實顛倒的喜劇，即「化裝」，這是布袋戲中常用的術語。指戲劇中某角色經過「假裝」，讓其他劇中人誤以為是另一個人。在喜劇的理論當中，屬於「顛倒」產生的喜感。主要有兩種類型：一種是男扮女裝，尤其是觀眾已經相當熟悉的醜男人，卻打扮成妖嬌美麗的女子騙過對方。另一種是文盲冒充文人雅士。從美學的觀點來理解，有的喜劇所展現的，表面上是一種顛倒，藉此呈現出一種所謂的「顛倒的世界」，可說是一種戲劇性的反諷手法。在布袋戲的喜劇中，這些反諷的場景相當普遍。其次，事件交互干擾的喜劇，表演者必須佈局製造兩組原本不相干的戲劇事件，卻同時發生在同一個情境中。事件發生之後，雙方卻各自有各自的解釋空間。這些主演所創造出來的戲劇世界，經常是令人出乎意料的驚喜。有的戲劇角色是被動的，因為貪生怕死，卻在抽籤中被動了手腳，最後變成必須要代表出征的喜劇。而有的戲劇角色卻是主動的，是因為好色，而被騙去上戰場的喜劇。這類的戲劇的喜感，就在於因為某些角色的性格弱點，而引發他們的想像世界，與觀眾對於真實情境的認知完全相反。這兩組完本完全不相干的事件，也出自不同的認知，卻發生在相同的情境當中。當事人越是堅持他們原先的想像認定，觀眾的笑聲也越是隨之發酵。這種喜劇手法即使在千篇一律的古冊戲中，也可被主演者天馬行空的想像力拿來活用，讓原本只有沙場征戰的場景變得更多面化。

第七章　結　論

　　從布袋戲臺灣化的歷程來看，整個表演風格演變的趨勢是從「類戲曲風格」轉變為「敘事風格」，而表演言語的風格，可說是從較疏離的官方語言風格，轉變為親切感的口語風格。這些演變並非三兩年之內就完成的，而是一、兩百年長時段的趨勢。轉變最大的關鍵，就在於對於一般庶民大眾相當不容易聽懂、且節奏略嫌沈緩的戲曲音樂進行改造。而民眾也樂得將布袋戲表演當作一種口頭表演的藝術，享受創作者天馬行空的編造故事的想像力。臺灣布袋戲表演的發展，隨著表演分工的演變，表演文本的創造幾乎都是由主演在錄音室先灌錄好整體表演對白，甚至連後場音樂都完全搭配好，最後才進行木偶表演等戲劇搭配。在錄音室憑空自由想像創作的文本，錄音師乃至於主演自己，就是最基本的觀眾，他們會反覆聆聽錄製的文本，而提供修正意見。電視布袋戲、或某些外臺使用的錄音布袋戲，劇場表演是在主演口白完成之後，才進行的整體搭配。布袋戲的口頭表演，是劇場藝術的靈魂。如果有好的口白技巧，整體的表演可說已經成功一半。布袋戲的創作不僅是劇場的戲偶表演而已，對於傳統布袋戲而言，操作戲偶僅止於助手的功夫而已，在布袋戲師傅的養成過程屬於最初步的階段。一旦他們即將成為能夠獨當一面的布袋戲師傅，即「頭手師傅」，最重要的訓練關鍵，就是學習開口的過程。布袋戲學徒無法跨過這道門檻而成為「萬年的二手」的，比比皆是。「開口」是最困難，也是最後即將成為獨當一面主演的階段。通過口白的訓練，有實力的主演，才可能做現場的即興演出。因此整理這些民間藝人實際演出的有聲資料，不僅可發現布袋戲主演的即興演出能力，而且更能夠完整地呈現這門表演藝術的特色。

　　口頭表演的布袋戲主演，不可能如西洋劇場表演一般逐字記憶所有的臺詞，而他們的即興創作的基本要求，便是需要熟練基本腳色的套語、常見的

場景主題，如文戲、武戲、笑詼戲，甚至瞭解戲劇結構以及角色塑造的多重可能性。口頭套語本身具有重複性、穩定性的詞組，與其說是爲了聽眾，不如說是爲了創作者，使他在現場表演的壓力之下，仍可以快速、流暢地敍述。學徒是從掌握這些簡單的文字開始，在實際的表演中體會固定的常規，最後親眼目睹師傅如何在舞臺上活用這些固定語言，如何作出巧妙的修改，經過歲月的逐漸累積沈澱，最後才完全掌握即興表演技巧。從即興表演的觀點來思考，布袋戲可說是基於類型角色而發展出來的表演方法。學習吸收，甚至內化這些基本的套語、主題，才能掌握整個表演系統的基礎能力。布袋戲的口頭文學，可說是相當具有彈性的，又具有活力的創作形式。任何敍述者身旁的東西，無論是看到的、聽到的、或可碰到的材料，都可以化爲表演文本的元素。這種開放的創作形式，就好像進入一個神奇的魔幻世界，可以點石成金，可以漫遊飛翔。一旦知識份子的創作落入僵化思考，及僵化創作的泥沼，這些來自民間敍事文學的強韌生命力，及活潑的想像力，可能是我們最有益的請教對象。

在臺灣長大的學者，時過境遷之後回想起來，多少都會懷念童年時代看布袋戲的經驗，尤其是舞臺上令人精神爲之一振的母語經驗。不過真正想要將這種心底的呼喚化成實際的學術研究行動的並不多見，呂興昌在 1996 年寫的文章，作了這樣的呼籲（呂興昌，1996）：

> 因爲臺語文學長久以來，受著種種兮壓制，所以無機會用文字書寫出來兮民間寶貝，soah hō 人眞珠看作老鼠屎，有這種絕學兮老大人受影響，kiò 是不值錢，將伊放廢廢，致使流失兮速度無輸箭 leh 飛。咱若想起細漢兮時，ku tiàm 戲棚跤，看大俠百草翁，看東南派車拚西北派，hia-ê 活跳跳兮口白，就會復佇耳孔邊 sô 出來，這種享受，佇目前兮電視布袋戲內底，已經眞罕 tú 著 loh，所以咱愛想盡一切兮辦法，將咱記憶中眞有水準兮民間文學，透過田野調查兮方式，早一日款 hō͘ 好勢。亦就是講，除了文獻資料，田野兮調查是 chit-má 上 kài 重要兮工課。

作爲臺灣知識份子的良心，應該除了懷念童年時代看布袋戲的美麗回憶，而且願意真正走進田野調查，將我們最熟悉的，原汁原味的民間文學紀錄下來。相對於世界許多古老國家的文學史，臺灣文學是一個相當年輕的領域。年輕，

並不一定只意味無知與淺薄而已，相反的更意味著許多尚未開發，等待探索的世界。本書肩負著打開這樣一扇門的使命。從臺灣文學的觀點來看，布袋戲的口頭文學有以下幾項重要意義：

一、從語言的觀點來看，沒有特殊的語感，就沒有文學創作。精采細緻的語感，常常是沒辦法翻譯的。無論是小說或戲劇，其最精采的趣味所在，往往就在於創作者的言語，及言語背後整個文化社會的語言情境。清代或日治時代，由中國輸入臺灣的戲曲相當多，而布袋戲傳來應該不是最古老的，不過卻後來居上，成為最受民眾廣大歡迎的戲劇之一，其相當重要的原因就在布袋戲的白話意識覺醒得相當早，尤其是本論文所發掘的「白字」的意義。對布袋戲影響最深遠的，應該就是使用白話、俗字的概念。雖然「白字」的觀念，不完全等於白話文學的「白話」，但重要的是民間藝術工作者有意識地運用白話創作戲劇對白的傾向。布袋戲白話意識的實踐案例，都遠早在日治時期臺灣的新文學運動之前。至遲在二十世紀初期，就已經可發現「準戲曲風格」的布袋戲，逐漸放棄戲曲語言，而與臺灣本土言語結合的歷史現象。

二、布袋戲等口頭表演藝術，對日治時代臺灣逐漸形成的共通語有著不可忽略的貢獻。布袋戲，可說是一種直接仰賴觀眾掌聲以獲得生存的口頭表演。既然是口頭表演，就是直接訴諸口頭-聽覺的過程。隨著與臺灣各地觀眾接觸層面的擴展，表演者相當自覺或不自覺地實踐言語腔調的「融合性」。布袋戲師傅的言語來源，除了生活中自然習得的白話音之外，還有從私塾「漢學仔先生」學到的文言音。昔日的漢文教育，不只是布袋戲相當重要基礎語言與書寫能力的訓練，布袋戲的文戲，如詩詞問答、談經說史、聯對、字猜等戲劇內容相關的創作，很可能與民間漢文教育息息相關。臺灣的布袋戲如果不要只完全淪為博物館的標本，如果要能夠一直承傳下去，那麼就應當努力發掘它所蘊含豐富的口頭言語表演。

三、本書提供紀錄的文本，致力於接近真實口白的表演文本，有助於我們瞭解臺灣民間文學的真實面貌。表演文本對學術而言具有重大意義，除了避免陷入以手抄文本來研究口頭性，這種自相矛盾的不可能假設泥沼之外，更重要的是讓這些活潑的口頭表演，從可能因缺乏紀錄而被世人遺忘的威脅中解脫出來。而表演文本整理的實踐，也回應了目前「國語式臺語」的困境。

四、布袋戲等口頭文學的衰落，與新生代的母語能力退化有關。臺灣經過了「寧靜革命」，突然之間平民老百姓成爲「總統頭家」。歌仔戲、布袋戲等在戒嚴時代屬於社會邊緣的表演藝術，一夕之間成爲民族文化的象徵。但在官方語言系統仍以北京話爲主流的情況之下，表面的成功並不是眞正的成功，最重要的阻力可說是來自新生代的母語能力逐漸退化。語言環境的危機，從整體語言教育、語言文化的被動喪失，至今演變到創作者主動放棄的地步。如果年輕一代的觀眾逐漸失去母語的掌握能力，那麼整體布袋戲表演的處境，將面臨比以往受制於外來壓力，不能公開講臺語還要更嚴重的地步，那就是包括創作者與觀眾都主動放棄自己的母語。過去有殖民者來強迫臺灣放棄自己的語言，而現在沒有外來殖民者時，卻是我們放棄自己的語言。簡單說，這是比被殖民狀態更嚴苛的「自我殖民」、「內在殖民」的狀態。面對全球化資本主義經濟的衝擊，活在這塊土地上的人民更需要重新反省自己是誰、自己的語言是什麼、自己的文化是什麼。

五、布袋戲的口頭文學研究，可說是開啓一個臺灣文學的新位置。近十年來各大學陸續成立臺灣文學的相關系所，對系所成立宗旨都不約而同地強調「口語文學」、「口傳文學」或「民間文學」。用詞雖略有差異，更重要的是指出以口頭創作爲研究對象的寬廣領域，急需學界共同努力採集、整理，與研究。這些努力不但對目前臺灣母語教學有所貢獻之外，對文學研究來說，可說是對自身學術研究與方法論深刻反省的開端。口頭文學的研究，最基本的要求就是親自整理出材料，就像進廚房煮菜之前，還必須自己到田裡山林仔細尋找採集。採集之後，還必須經過書寫過程的詳細描繪處理，如此才能算是能搬進廚房烹飪的食材。如果缺乏基礎的口頭文本的收集、整理，那麼紮實的研究也變得遙不可及，因此整理母語「聲音」的文學，累積更豐富的語言文化寶藏，可說是目前臺灣文學研究的當務之急。本論文除研究論文本身，竟也累積爲數相當多的副產品，即筆者親自整理的布袋戲表演文本，期望有一天這些副產品，能如德國的格林兄弟〔註1〕所蒐集整理的《格林童話》一般，成爲我們所共同的文化資產。

〔註 1〕 即 Jacob Grimm（1785～1862）與 Wilhelm Grimm（1786～1859），他們的少年時代是在拿破崙占領德國茵河畔度過的。在遭受法蘭西民族侵略，及強勢法語的雙重壓迫下，他們卻開始發願搜集，整理民間童話和古老傳說（胡萬川，1998b：7）。

引用書目

專　書

1. Althusser, Louis.　1996〔1965〕　　*Lire le Capital*. Paris : P.U.F.

2. Arnheim, Rudolf.　1992〔1986〕　　*New Essays on the Psychology of Art*. 《藝術心理學新論》郭小平、翟燦譯，臺北：臺灣商務書局

3. Benjamin, Walter.　1969.　*Illuminations*. Ed. by Hannah Arendt. N.Y.: Schocken

4. Bergson, Henri.　1991〔1940〕*Le rire: essai sur la signification du comique*. Paris: P.U.F.

5. Bourdieu, Pierre　2001.　*Langage et pouvoir symbolique*. Paris: Fayard

6. Brooke, Peter.　1969.　The Empty Space. N. Y.: Avon

7. Champell, William. 2004〔1913〕　*A Dictionary of the Amoy Vernacular*. 臺南：人光出版社。

8. Chomsky, Noam. 1965.　*Aspects of the Theory of Syntax*. Cambridge, Mass.: MIT Press.

9. Chomsky, Noam.　1975.　*Topics in the Theory of Generative Grammar*. Paris: Mouton.

10. DeFrancis, John.　1990. *The Chinese Language: Fact and Fantasy*. Honolulu : University of Hawaii Press.

11. Derrida, Jacques.　1967.　*De la grammatologie*. Paris: Minuit

12. Douglas & Barclay.　1990〔1873〕　*Chinese-English Dictionary of The Vernacular or Spoken of Amoy with Supplements*. London: Trűbner & Co., 57 & 59 Ludgate Hill （1990 年臺北南天書局影印出版）

13. Durkheim, Emile. 1990〔1912〕. *Les formes élémentaires de la vie religieuse*. Paris: PUF

14. Fanon, Frantz.　　1968.　*Black Skin, White Masks*. Trans. by Charles Lam Marknann. N. Y.: Grove Weidenfeld

15. Fasold, Ralph.　　1987.　*The Sociolinguistics of Society.* Oxford: Basil Blackwell Inc.

16. Foley, John M.　　1991〔1988〕　*The theory of Oral Composition: History and Methodology*.《口頭詩學：帕里-洛德理論》朝戈金譯，北京：社會科學文獻出版社。

17. Foley, John M.　　1990.　*Traditional oral epic : the Odyssey, Beowulf, and the Serbo-Croatian return song*. Berkeley : University of California Press.

18. Foucault, Michel　　1998.　"What Is an Author?" in *Contemporary Literary Criticism: Literary and Cultural Studies*. 4th ed. by Robert Con Davis, Ronald Schleifer. N. Y.: Longman

19. Freud, Sigmund　　1964.　*New Introductory Lectures on Psychoanalysis*. James Strachey（trans. & ed.）N.Y. : W. W. Norton and Company

20. Goody, J.　　1997.　*Representations and contradictions : ambivalence towards images, theatre, fiction, relics and sexuality*. Oxford : Blackwell.

21. Gramsci, A.　　1997〔1971〕　*Selection from the Prison Notebook*. N. Y. : Internationnal Pub. pp.323～335。〈文化與意識形態霸權〉吳潛誠編《文化與社會》pp.63～73，臺北：立緒文化出版社。

22. Gumperz, J. J.　　1971.　*Language in Social Groups*. Stanford : Stanford University Press.

23. Gumperz, J. J. & Hymes, D.　1972.　*Directions in Sociolinguistics : the ethnography of communication*. Oxford : Basil Blackwell Inc.

24. Gumperz, J. J.　　1982. *Discourse strategies*. Cambridge: Cambridge University Press.

25. Halbwacha, Maurice. 1994〔1925〕　*Les cadres sociaux de la mémoire*. Paris : Albin Michel

26. Jakobson, Roman. 1983.　*Dialogues*. Massachusetts : The MIT Press.

27. Jakobson, Roman. 1987.　*Language in Literature*. Massachusetts : Belknap.

28. Kamenetsky, Christa. 1992.　*The Brothers Grimm & Their Critics: Folktales and the Quest for Mwaning*. Ohio : Ohio Universty Press

29. Levi-Strauss, Claude. 1950. 'Intoduction à l'oeuvre de M. Mauss.' *Sociologie et anthropologie*. Paris : P.U.F.

30. Levi-Strauss, Claude.　1962.　*La pensée sauvage*. Paris : Plon

31. Ong, Walter J.   1982.   *Orality and Literacy : TheTechnologizing of the Word.* London : Methuen

32. Propp, Vladimir   1970.   *Morphology du conte.* Traductions de Maguerite Derrida, Tzventan Todorov et Claude Kahn. Paris : Seuil

33. Propp, Vladimir   1984.   *Theory and History of Folklore.* Translated by Ariadna Y. Martin & Richard P. Martin. Minneapolis : University of Minnesota

34. Saussure, Ferdinand de 1985.   *Cours de linguistique générale.* éd. par Tullio de Mauro. Paris : Payot

35. Souriau, Etienne.   1990.   *Vocabulaire d'esthétique.* Paris : P. U. F.

36. Steward, Julian H.   1989〔1955〕   *Theory of Culture Change : The Methodology of Multilinear Evolution.*《文化變遷的理論》張恭啓譯，臺北：遠流出版社，初版。

37. Taine, H. Adolphe.   1991〔1928〕   *Philosophie de l'art.* Paris: Hachette。《藝術哲學》傅雷譯，安徽：安徽文藝出版社

38. Thomas, Rosalind.   1989.   *Oral tradition and written record in classical Athens.* N.Y. : Cambridge University Press

39. Todorov, Tzvetan.   1971.   *Poétique de la prose.* Paris: Seuil.

40. Wang, C. H.   1974.   *The Bell and the Drum : Shih Ching as Formulaic Poetry in an Oral Tradition.* Berkeley : University of California Press.

41. Zumthor, Paul.   1987.   *La lettre et la voixde la "littérature" médiévale.* Paris : Seuil.

42. 小川尚義 1931   《臺日大辭典》。臺北：臺灣總督府。

43. 尹建中   1983   《中國民間傳統技藝與藝能調查研究第三年報告書》臺北：臺大人類學系出版。

44. 尹章義   1989   《臺灣開發史研究》臺北：聯經出版社。

45. 王育德   2000   《臺灣話講座3》黃國彥譯。臺北：前衛出版社。

46. 王嵩山   1988   《扮仙與作戲：臺灣民間戲曲人類學研究論集》臺北：稻香出版社。

47. 王崧興   2001   《漢人與周邊社會研究：王崧興教授重要著作選譯》臺北：唐山出版社。

48. 王禎和   1977   《電視·電視》。臺北：遠景出版社。

49. 布羅凱特（Oscar G. Brockett）1974   《世界戲劇藝術欣賞》胡耀恆（譯），臺北：志文出版社。

50. 朱光潛   1969   《文藝心理學》臺北：臺灣開明書店。

51. 朱光潛   1982   《西方美學史》臺北：漢京出版社。

52. 朱光潛　1984　《維柯的「新科學」及其對中西美學的影響》。香港：中文大學出版社。

53. 佚名　1993　《聖朝鼎盛萬年清》李道英、岳寶泉點校，北京：北京師範大學出版社。

54. 呂理政　1991　《布袋戲筆記》臺北：臺灣風物雜誌社，初版。

55. 呂訴上　1961　《臺灣電影戲劇史》臺北：銀華出版社，初版。

56. 李天祿　1991　《戲夢人生－李天祿回憶錄》曾郁雯整理，臺北：遠流出版社。

57. 李天祿　1995I　《布袋戲李天祿藝師口述劇本集》第一冊。臺北：教育部。

58. 李天祿　1995II　《布袋戲李天祿藝師口述劇本集》第二冊。臺北：教育部。

59. 李天祿　1995III《布袋戲李天祿藝師口述劇本集》第三冊。臺北：教育部。

60. 李天祿　1995IV《布袋戲李天祿藝師口述劇本集》第四冊。臺北：教育部。

61. 李天祿　1995IX《布袋戲李天祿藝師口述劇本集》第九冊。臺北：教育部。

62. 李天祿　1995V《布袋戲李天祿藝師口述劇本集》第五冊。臺北：教育部。

63. 李天祿　1995VI《布袋戲李天祿藝師口述劇本集》第六冊。臺北：教育部。

64. 李天祿　1995VII《布袋戲李天祿藝師口述劇本集》第七冊。臺北：教育部。

65. 李天祿　1995VIII《布袋戲李天祿藝師口述劇本集》第八冊。臺北：教育部。

66. 李天祿　1995X《布袋戲李天祿藝師口述劇本集》第十冊。臺北：教育部。

67. 李亦園　1982　《臺灣土著民族的社會與文化》臺北：聯經出版社。

68. 李如龍等　1994　《福州方言詞典》。福州：福建人民出版社。

69. 李獻璋　1989〔1936〕　《臺灣民間文學集》臺北：龍文出版社。

70. 沈平山　1986　《布袋戲》臺北，作者自費出版。

71. 沈富進　1954　《彙音寶鑑》嘉義：文藝學社。

72. 怪我氏　1996　《百年見聞肚皮集》王月美、林美容註釋。新竹：新竹市立文化中心出版。

73. 林央敏　1997　《臺語文學運動史論》修訂版第一刷，臺北：前衛出版社。

74. 林明德　1999　《小西園許王技藝保存計畫書：八十七年度成果報告》臺北：中華民俗研究學會承辦出版。

75. 林美容　1997　《彰化縣曲館與武館（下冊）》彰化：彰化縣立文化中心。

76. 林鋒雄　1995　《中國戲劇史論稿》臺北：國家出版社。

77. 林鋒雄　1999　《布袋戲「新興閣鍾任壁」技藝保存計畫報告書》。臺北：中國文化大學藝術研究所出版。

78. 林衡道　1996　《林衡道先生訪談錄》臺北：國史館印行。

79. 邱坤良　1992　《日治時期臺灣戲劇之研究》臺北：自立晚報文化出版部。

80. 邱坤良　2001　《陳澄三與拱樂社》宜蘭：傳統藝術中心籌備處出版。

81. 長澤規矩也　1989〔1977〕　《明清俗語辭書集成》原版日本東京都：汲古書院出版。翻印版，上海：上海古籍出版。

82. 青木正兒　1982〔1930〕《中國近世戲曲史》王吉盧（譯）。臺北：臺灣商務印書館。

83. 姚一葦　1966　《詩學箋註》臺北：中華書局。

84. 姚一葦　1984　《戲劇與文學》臺北：遠景出版社。

85. 姚一葦　1992　《戲劇原理》臺北：書林出版社。

86. 洪惟仁　1994　《臺灣方言之旅》臺北：前衛出版社。

87. 胡士瑩　1983　《話本小說概論》臺北：丹青出版社。

88. 胡菊人　1979　《戲考大全》臺北：宏業書局，再版。

89. 容世誠　1997　《戲曲人類學初探》臺北：麥田出版社。

90. 索緒爾　1985　《普通語言學教程》高名凱（譯）。臺北：弘文館出版社。

91. 張庚、郭漢城1985　《中國戲曲通史》第三冊。臺北：丹青圖書公司。

92. 張裕宏　2001　《白話字基本論：臺語文對應&相關的議題淺說》。臺北：文鶴出版社。

93. 郭茂倩　1984　《樂府詩集》。臺北：里仁書局。

94. 陳其南　1987　《臺灣的傳統中國社會》。臺北：允晨出版社。

95. 陳奇祿　1994　《文化與生活》臺北：允晨文化出版。

96. 陳修　1991　《臺灣話大詞典》。臺北：遠流出版社。

97. 陳夢林　1962〔1717〕　《諸羅縣志》。臺灣文獻叢刊 141。臺北：臺灣銀行經濟研究室。

98. 陳龍廷　2007a　《臺灣布袋戲發展史》臺北：前衛出版社。

99. 陳龍廷　2007b　《南投傳統表演藝術普查計畫成果報告書》南投：南投縣政府文化局。

100. 陳龍廷　2008　《聽布袋戲：一個臺灣口頭文學研究》高雄：春暉出版社。

101. 陳龍廷　2010　《發現布袋戲：文化生態‧表演文本‧方法論》高雄：春暉出版社。

102. 陳龍廷　2012　《聽布袋戲尪仔唱歌：1960～70 年代臺灣布袋戲的角色主題歌》宜蘭：國立傳統藝術中心出版

103. 陳龍廷　2013　《臺灣布袋戲創作論：敘事‧即興‧角色》高雄：春暉出版社。

104. 曾永義　1988　《臺灣歌仔戲的發展與變遷》臺北：聯經出版公司。

105. 曾永義　1998　《我國的傳統戲曲》臺北：漢光文化事業股份有限公司。

106. 焦桐　1990　《臺灣戰後初期的戲劇》臺北：臺原出版社。

107. 黃勁連　1994　《臺譯千家詩》。臺北：臺笠出版社。

108. 葉石濤　1987　《臺灣文學史綱》高雄：春輝出版社。

109. 葉國良　1988　《千家詩譯註》。臺北：五南書局。

110. 董同龢　1967　《記臺灣的一種閩南語》臺北：中央研究院歷史語言研究所。

111. 董忠司　2001　《臺灣閩南語辭典》臺北：五南出版社。

112. 鈴木清一郎　1995〔1934〕　《臺灣舊慣冠婚葬祭と年中行事》臺北：南天書局出版。

113. 臺南縣立文化中心　1989《傳統布袋戲》臺南：臺南縣立文化中心。

114. 臺灣總督府文教局社會課　1928《臺灣にける支那演劇と臺灣演劇調查》臺北：臺灣總督府文教局

115. 蔡培火　1925　《十項管見》臺南新樓書房

116. 鄭良偉　1987　《從國語看臺語的發音》臺灣：學生書局。

117. 鄭良偉　1989　《走向標準化的臺灣話文》臺北：自立晚報出版社。

118. 鄭良偉（編）　2000　《大學臺語文學》臺北：遠流出版社。

119. 謝德錫等　1998　《臺灣閣派布袋戲的承傳與發展》。傳統藝術中心委託計畫報告書。

120. 簡上仁　1987　《臺灣民謠》。臺北：眾文圖書公司。

121. 顏元叔　1973a　《西洋文學術語叢書（上)》譯自 John D. Jump（ed.）*The Critical Idiom.* 臺北：黎明文化事業公司。

122. 顏元叔　1973b　《西洋文學術語叢書（下)》譯自 John D. Jump（ed.）*The Critical Idiom.* 臺北：黎明文化事業公司。

123. 羅鋼、劉象愚　1999《後殖民文化理論》北京：中國社會科學出版社。

學位論文

1. 丁士芳　2000　《電視布袋戲「霹靂狂刀」之性別論述分析》淡江大學大眾傳播學研究所碩士論文。

2. 川路祥代　2002　《殖民地臺灣文化統合與臺灣傳統儒學社會（1895～1919)》成功大學中文研究所博士論文。

3. 吳明德　2004　《臺灣布袋戲的表演藝術研究：以小西園布袋戲、霹靂布袋戲爲考察對象》臺灣師範大學國文研究所博士論文。

4. 林文懿　2001　《時空遞嬗中的布袋戲文化》仁大學大眾傳播學研究所碩士論文。

5. 林美鸞　1995　《光復後臺灣地方戲劇演出情形與社會轉型關係初探（1945～1970)》中正大學歷史研究所碩士論文。

6. 洪淑珍　2004　《臺灣布袋戲偶雕刻之研究—以彰化「巧成眞」爲考察對象》臺北大學民俗藝術研究所碩士論文。

7. 徐志成　1998　《「五洲派」對臺灣布袋戲的影響》臺灣大學中文研究所碩士論文。

8. 徐雅玫　2000　《臺灣布袋戲之後場音樂初探》臺灣師範大學音樂研究所碩士論文。

9. 張軒豪　2005　《本土文化產業的全球化—以霹靂布袋戲爲例》交通大學傳播研究所碩士論文。

10. 張雅惠　2000　《潮調布袋戲「金簪記」音樂研究》臺灣師範大學音樂研究所碩士論文。

11. 張溪南　2002　《黃海岱及其布袋戲劇本研究》中正大學中文研究所碩士論文。

12. 梁慧婷　2000　《明興閣掌中戲團營運方式之研究》成功大學藝術研究所碩士論文。

13. 陳章清　1989　《臺北大稻埕的都市轉化》臺大土木研究所碩士論文。

14. 陳龍廷　1991　《黃俊雄電視布袋戲研究》文化大學藝術研究所碩士論文。

15. 傅建益　1993　《當前臺灣野臺布袋戲之研究》文化大學藝術研究所碩士論文。

16. 黃明峰　2001　《屏東縣布袋戲班之研究（1949～1999）——以〈全樂閣〉、〈復興社〉、〈祝安〉、〈聯興閣〉爲例》逢甲大學中文研究所碩士論文。

17. 黃能揚　2001　《全球化時代裡的本土文化工業：以電視布袋戲爲例》中正大學電訊傳播研究所碩士論文。

18. 詹惠登　1979　《古典布袋戲演出形式之研究》文化大學藝術研究所碩士論文。

19. 廖文華　2000　《臺灣布袋戲電影「聖石傳說」之行銷傳播策略個案研究》文化大學新聞研究所碩士論文。

20. 廖皇傑　1998　《傳統戲曲展演空間演化之研究——以臺北市爲例》中興大學都市計劃研究所碩士論文。

21. 廖振富　1996　《櫟社三家詩研究——林癡仙、林幼春、林獻堂》臺灣師範大學國文學系博士論文。

22. 鄭雁文　2002　《肖像人格與產品代言力之研究～以凱蒂貓和葉小釵為例》輔仁大學應用統計學研究所碩士論文。

23. 鄭慧翎　1991　《臺灣布袋戲劇本研究》中央大學中文研究所碩士論文。

24. 賴宏林　2001　《霹靂布袋戲之幻想主題批評——以「霹靂異數」為例》輔仁大學大眾傳播學研究所碩士論文。

25. 簡秀珍　1993　《臺灣民間社區劇場：羅東福蘭社研究》文化大學藝術研究所碩士論文。

26. 蘇世德　2001　《臺灣專業布袋戲偶雕刻》成功大學藝術研究所碩士論文。

27. 蘇鈴琇　2002　《影響臺灣肖像商品之消費者滿意度及忠誠度之相關性研究——以霹靂布袋戲會員為研究對象》輔仁大學應用統計學研究所碩士論文。

28. 蘇蘅　1992　《我國電視節目文化意涵的研究》政治大學新聞研究所博士論文。

期刊論文

1. 王一剛　1975　〈貓婆鬍鬚全拼命〉臺灣風物 25（4）：85。

2. 江武昌　1990　〈臺灣布袋戲簡史〉民俗曲藝 67/68：.88～126。

3. 江武昌　1997　〈臺灣歷史布袋戲：二八水風雲〉
http://ws.twl.ncku.edu.tw/hak-chia/k/kang-bu-chhiong/228.htm

4. 吳文星　1978　〈日據時代臺灣書房之研究〉思與言 16（3）：264～291。

5. 吳明德　1999　〈開創布袋戲新紀元—論「霹靂布袋戲」的藝術成就〉「國際偶戲學術研討會」，雲林縣立文化中心主辦。

6. 吳逸生　1967　〈漫談本省舊戲〉臺灣風物 17（4）：18～21。

7. 吳逸生　1973　〈談談布袋戲〉臺北文獻（直）25：89～92。

8. 吳逸生　1980　〈談鬍鬚全〉民俗曲藝 2：74～77。

9. 吳逸生　1975　〈一代藝人——鬍鬚全〉臺北文獻（直）33：101～104。

10. 呂理政　1991　〈臺灣布袋戲的傳統與展望〉臺灣風物 41（4）：110～134。

11. 呂理政　1990　〈演戲、看戲、寫戲：臺灣布袋戲的回顧與前瞻〉民俗曲藝 67/68：.4～40。

12. 李國祁　1978　〈清代臺灣社會的轉型〉中華學報 5（3）：131～159。

13. 林鋒雄　1974　〈臺灣亂彈子弟的一個實例〉書評書目 10：70～76。

14. 林鋒雄　1999　〈臺灣布袋戲的發展——以西螺新興閣爲例〉「國際偶戲學術研討會」，雲林縣立文化中心主辦。

15. 林鋒雄　1988　〈群音類選裏的水滸戲曲〉，《小說戲曲研究》1：307～321。

16. 洪惟仁　2001　〈臺北褒歌之美〉《傳統藝術雙月刊》15：14～17。

17. 胡萬川　1998a　〈變與不變：民間文學本質的一個探索〉清華大學中文系承辦「臺灣民間文學研討會」，1998/3/7～8。

18. 胡萬川　1998b　〈民族、語言、傳統與民間文學運動——從近代的歐洲到日治時期的臺灣〉《民間文學與作家文學研討會論文集》清華大學中國文學系。

19. 胡萬川　2000　〈論謎語的多元文化意涵——爲許成章作品集出版而作〉《許成章作品學術研討會論文集——逆浪淘沙的臺語先覺》春暉出版社。

20. 胡萬川　2001　〈論民間文學集體性之質變與發展〉《第二屆通俗文學與雅正文學全國學術研討會論文集》中興大學中文系。

21. 陳龍廷　1990a　〈電視布袋戲的發展與變遷〉民俗曲藝 67、68：68～87。

22. 陳龍廷　1990b　〈電視布袋戲演出年表〉民俗曲藝 67、68：.83～87。

23. 陳龍廷　1991　〈史豔文重現江湖〉民俗曲藝 74：57～63。

24. 陳龍廷　1992　〈法國「小宛然」布袋戲團之特質初探與啓示〉臺灣風物 42（2）：15～22。

25. 陳龍廷　1994a　〈布袋戲名演師「隆興閣」廖來興〉臺北縣立文化中心季刊 40：.51～54。

26. 陳龍廷　1994b　〈臺北地區布袋戲商業劇場——草創期（1954～1960）〉臺灣風物 44（2）：210～191。

27. 陳龍廷　1994c　〈布袋戲名演師「隆興閣」廖來興〉北縣文化 40：51～54。

28. 陳龍廷　1995a　〈從臺灣文化生態角度來研究臺北地區布袋戲商業劇場 1961～1971〉臺灣文獻 46（2）：.149～187。

29. 陳龍廷　1995b　〈布袋戲界老先覺——巔豆錦華閣胡金柱〉臺灣風物 45（3）：25～31。

30. 陳龍廷　1997a　〈臺灣化的布袋戲文化〉臺灣風物 47（4）37～67。

31. 陳龍廷　1997b　〈六○年代末臺灣布袋戲革命的另類觀察：同時代的外國人對黃俊雄木偶表演的論述〉臺灣史料研究 10：132～139。

32. 陳龍廷　1998a 〈看布袋戲學臺語：系列一臺灣文學 e 寶〉民眾日報
　　　　　　　　85/1/3。

33. 陳龍廷　1998b 〈看布袋戲學臺語：系列二活跳跳水噹噹的母語文化〉
　　　　　　　　民眾日報 85/1/17。

34. 陳龍廷　1998c 〈看布袋戲學臺語：系列三虎尾詩詞上界薪〉民眾日報
　　　　　　　　85/1/19。

35. 陳龍廷　1998d 〈布袋戲與政治：五○年代的反共抗俄劇〉臺灣史料研
　　　　　　　　究 12：3～13。

36. 陳龍廷　1999a 〈布袋戲人物的政治詮釋：從史豔文到素還真〉臺灣風
　　　　　　　　物 49（4）：171～188。

37. 陳龍廷　1999b 〈李天祿布袋戲的時代意義〉臺灣風物 49（2）：141～157。

38. 陳龍廷　1999c 〈五十年來的臺灣布袋戲〉歷史月刊 139：4～11。

39. 陳龍廷　2000　 〈臺灣布袋戲的文化生態探討：與民間社團曲館、武館
　　　　　　　　的關係〉臺南文化新 48：43～66。

40. 陳龍廷　2003a 〈布袋戲研究方法論〉民俗曲藝 142：145～182。

41. 陳龍廷　2003b 〈布袋戲臺灣化歷程的見證者：五洲元祖黃海岱〉臺灣
　　　　　　　　風物 53（3）：105～136。

42. 陳龍廷　2003c 〈走尋臺灣鄉野的聲音：布袋戲配音師盧守重〉傳統藝
　　　　　　　　術 31：36～39。

43. 陳龍廷　2004a 〈臺灣布袋戲的言語表演研究〉臺灣文學評論 4（4）：
　　　　　　　　123～143。

44. 陳龍廷　2004b 〈戰後臺灣的戲園布袋戲：布袋戲班、劇場技術與歌手
　　　　　　　　制度〉文化視窗 64：94～97。

45. 陳龍廷　2004c 〈臺灣人集體記憶的召喚：三○年代《臺灣新民報》的
　　　　　　　　歌謠採集〉發表於 10 月 10 日國家臺灣文學館主辦「臺
　　　　　　　　灣羅馬字國際研討會」。

46. 陳龍廷　2004d 〈戰後臺灣戲園布袋戲：戲班、劇場技術與歌手制度〉
　　　　　　　　《2004 年雲林國際偶戲節學術研討會論文集》雲林：雲
　　　　　　　　林縣政府文化局出版。頁 90～107。

47. 陳龍廷　2005a 〈文化產業與創意結合的一種典範：解讀早期的霹靂布
　　　　　　　　袋戲〉文化視窗 78：90～95。

48. 陳龍廷　2005b 〈戲園、掌中班與老唱片──南投布袋戲的生態〉《南
　　　　　　　　投傳統藝術研討會論文集》宜蘭：國立傳統藝術中心出
　　　　　　　　版。頁 242～256。

49. 陳龍廷　2005c 〈日治時代臺灣知識份子的內在殖民論述：以「植有木
　　　　　　　　瓜樹的小鎮」為例〉文學臺灣 54：216～237。

50. 陳龍廷　2009a 〈民間社會的漢文傳統與布袋戲〉大同大學通識教育年報 5：167～196。

51. 陳龍廷　2009b 〈西門町今日世界 60 年代布袋戲革命的另類觀察〉臺灣文獻 60（2）：339～372。

52. 陳龍廷　2009c 〈電視布袋戲與政治：1980 年代一齣另類的反共抗俄劇〉民俗曲藝 164：163～189。

53. 陳龍廷　2010 〈從籠底戲到金剛戲：論布袋戲的典型場景〉戲劇學刊 12：73～93。

54. 陳龍廷　2011a 〈流浪的奇遇與糊塗的慧點：郭大誠臺語歌謠的口白藝術〉臺灣風物 61（2）：171～204。

55. 陳龍廷　2011b 〈布袋戲的敘事模式及其可能性〉臺灣文學研究學報 12：9～49。

56. 陳龍廷　2012 〈臺灣布袋戲的丑角美學〉傳藝雙月刊 99：20～23。

57. 陳龍廷　2013a 〈跨媒體性‧浮動的能指：1970 年代電視布袋戲角色主題歌〉《戲劇學刊》18：97～122。

58. 陳龍廷　2013b 〈臺灣布袋戲的即興創作及其特質〉民俗曲藝 181：5～48。

59. 詹惠登　1982b 〈布袋戲的劇場〉民俗曲藝 21：1～15。

60. 蔡淵絜　1986 〈清代臺灣的移墾社會〉載於瞿海源、章英華主編《臺灣社會與文化變遷》臺北：中央研究院民族學研究所：45～67。

史　料

1. 尤召　1963 〈六月份起播兒童木偶戲「岳飛傳」〉電視週刊 35：5。

2. 立石鐵臣　1942 〈布袋戲の人形〉民俗臺灣 2（1）：21。

3. 江肖梅　1943 〈書房〉民俗臺灣 3（8）：23～24。

4. 吳槐　1942 〈臺北附近俚諺〉民俗臺灣 2（8）：18～19。

5. 呂興昌　1996 〈加減拾‧較省共人借：談臺語文學資料分收集佮整理〉http：//ws.twl.ncku.edu.tw/hak-chia/l/lu-heng-chhiong/ke-kiam-khioh.htm

6. 林鳳岐　2003〔1931〕 〈我的改造臺灣鄉土文學的提案〉載於中島利郎編《一九三○年代臺灣鄉土文學論戰資料彙編》高雄：春暉出版社。

7. 俞允平　1971 〈幕後奇人黃俊雄和他的掌中世界〉電視週刊 465：12～15。

8. 施淑青　1977 〈李天祿的掌中世界〉中國時報 1977.8.1 第五版。

9. 張大春　2004　〈看不見的文革──臺灣民粹主義嘉年華〉
　　　　　　　　http://city.udn.com/2354/1088380（2004/11/28），瀏覽日
　　　　　　　　期 2005.6.28。

10. 張文環　1979〔1941〕　〈論語與雞〉鍾肇政譯，載於鍾肇政、葉石濤
　　　　　　　　編《光復前臺灣文學全集（八）閹雞》臺北：遠景出版社。

11. 張文環　2002〔1942〕　〈關於臺灣話〉陳明臺譯，載於陳萬益主編《張
　　　　　　　　文環全集卷六》臺中：臺中縣立文化中心出版。

12. 張文環　2002〔1943〕　〈荊棘之道繼續者〉陳千武譯，載於陳萬益主
　　　　　　　　編《張文環全集卷六》臺中：臺中縣立文化中心出版。

13. 張文環　1979〔1942〕　〈閹雞〉鍾肇政譯，載於鍾肇政、葉石濤編《光
　　　　　　　　復前臺灣文學全集（八）閹雞》臺北：遠景出版社。

14. 張我軍　1925　〈新文學運動的意義〉臺灣民報 1925.8.26。

15. 郭秋生　2003〔1931a〕　〈建設「臺灣話文」一提案〉載於中島利郎編
　　　　　　　　《一九三○年代臺灣鄉土文學論戰資料彙編》高雄：春
　　　　　　　　暉出版社。

16. 郭秋生　2003〔1931b〕　〈讀黃純青先生的「臺灣話改造論」〉載於中
　　　　　　　　島利郎編《一九三○年代臺灣鄉土文學論戰資料彙編》
　　　　　　　　高雄：春暉出版社。

17. 郭秋生　2003〔1932〕　〈說幾條臺灣話文的基礎工作給大家做參考〉
　　　　　　　　載於中島利郎編《一九三○年代臺灣鄉土文學論戰資料
　　　　　　　　彙編》高雄：春暉出版社。

18. 陳全永　1932　〈臺灣芝居の話〉臺灣時報（九月號）：9～18。

19. 陳清風　1996　〈臺灣布袋戲需要本土化〉臺灣文藝 157：145~149。

20. 無腔笛　1933　〈新莊小西園布袋戲〉臺灣日日新報，1933.7.6。

21. 黃石輝　2003〔1930〕　〈怎樣不提倡鄉土文學〉載於中島利郎編《一
　　　　　　　　九三○年代臺灣鄉土文學論戰資料彙編》高雄：春暉出
　　　　　　　　版社。

22. 黃石輝　2003〔1933〕　〈所謂「運動狂」的喊聲──給春榮克夫二先
　　　　　　　　生〉載於中島利郎編《一九三○年代臺灣鄉土文學論戰
　　　　　　　　資料彙編》高雄：春暉出版社。

23. 黃哲永　1995　〈淺註黃傳心的千古絕唱〉嘉義文獻 25：47～60。

24. 黃純青　2003〔1931a〕　〈臺灣話改造論〉載於中島利郎編《一九三○
　　　　　　　　年代臺灣鄉土文學論戰資料彙編》高雄：春暉出版社。

25. 黃純青　2003〔1931b〕　〈與郭秋生先生論臺灣話改造論〉載於中島利
　　　　　　　　郎編《一九三○年代臺灣鄉土文學論戰資料彙編》高雄：
　　　　　　　　春暉出版社。

26. 黃雍銘　1953　〈閒談掌中班〉雲林文獻 2（2）：99～100。

27. 葉榮鐘　2002〔1932a〕　〈「第三文學」提倡〉載於葉芸芸、陳昭英主編《葉榮鐘早期文集》臺中：晨星出版社。

28. 葉榮鐘　2002〔1932b〕　〈關於布袋戲──讀林炳耀氏的「臺灣人形劇調」〉載於葉芸芸、陳昭英主編《葉榮鐘早期文集》臺中：晨星出版社。

29. 董芳苑　1982　〈臺灣民間宗教技藝：宋江陣〉。《中國論壇》13（8）：25～32。

30. 鄭坤五　2003〔1932〕　〈就鄉土文學說幾句〉載於中島利郎編《一九三〇年代臺灣鄉土文學論戰資料彙編》高雄：春暉出版社。

31. 燕泥　1962　〈兒童布袋戲主持人林玲珠小姐〉電視週刊 25：38～39。

附　錄　布袋戲演出文本例舉

文字整理者：陳龍廷

　　說明：《六合魂斷雷音谷》是 1977～1979 年黃俊雄所灌錄，由金燕唱片出版，分爲四集，共十二張唱片，可說是黃俊雄經歷電視布袋戲洗禮之後，相當成熟的代表作品。這套唱片出版的年代，可說是臺語節目被迫退出電視臺的空白時代。1974 後的臺灣無線電視臺，約有七、八年的空白，頂多只能另聘《小蜜蜂》卡通的配音團隊搭配演出「國語布袋戲」，在缺乏活跳跳的語言魅力，徒有布袋戲的表演形式之下，逐漸失去觀眾的支持。本文資料來源是《六合魂斷雷音谷》唱片編號 LPL7017～7018。筆者盡可能將主演者精彩的口語語音紀錄下來，在重新整理劇場形式的臺語文時，可發現一些黃俊雄個人的口語特質如下：

一、文言與白話夾雜的情形在此相當普遍，而且借用相當多來自日文、英文、北京話的外來詞彙，這種多元的豐富性，可說是主演的口語表演風格。

二、主演者的語音表演的語氣相當活潑，尤其是特殊的語氣詞。例如語尾的語氣詞，除了「啊」、「啦」、「嗎」、「哦」、「哈」之外，還有 hoh^n、neh、hah^n、lô、heh、liah、哩咧、咧啦。而語首也有 ah、e^n、hâ^n、hmh、mh、e-i 等。

三、主演者個人的特殊語音習慣，例如「號做」通常唸成「hō-chòe」或「hō-chò」，但主演卻習慣唸成「hā-chò」。

四、此外，主演似乎有意避開「恁父」的粗俗印象，而改唸成「恁 mē」，不過卻也保留日常生活中比較少用的古老詞彙「恁奶」。

【楚館】

趙天化：官家公子是樂逍遙，處處女子個個〔註 1〕嬌。豈肯小爺〔註 2〕同床
枕，嘿嘿…，勝過夜夜佇咧祝元宵。相捌--無？

後場：無相捌咧！

趙天化：我姓趙，號做趙天化，外號號做「地方的惡霸金光腿」。嘿嘿！Eⁿ…，
我按呢踮此个所在，橫行直走，無人敢擋 táu！平波波，無人敢夯架
戈（kè-ko）！光 liú-liú，無人敢遷手〔註 3〕（chhiân-chhiú）！嘿…，
抑按呢 hoⁿh，開一間楚館，這楚館號做「菜店〔註 4〕」，「酒樓」都
著啦！恁 né 較好啊！恁 mē 開此間酒樓，無代無誌呢，東爿角 hoⁿh，
共我開一間秦樓！He 秦樓 hoⁿh，一个老家婆仔，抑…，號叫梁白桃。
Hoⁿh！抑 he 查某囡仔按呢六十外个 hoⁿh，抑恁 mē 生理去予拚拚倒
哩咧。啊好！Kah 予伊拚倒以上，恁 mē 反倒轉 hoⁿh，從按來去共
你開。此滿欲來去此个秦樓的所在，叫此个文玉，hoⁿh…，此个講
是第一花選、上界媠-- 的！Hāⁿ？叫伊馬上愛嫁我！若無嫁我，
嘿…，恁 mē kah 扳（péng）桌。續落去，叫伊共 mē 封起來，未使
共我做生理！嘿…，抑我此間楚館都閣興起來哩咧。嘿…，著！著！
教師啊！

教師：Hoⁿh？Hoⁿh？

趙天化：行 hahⁿ！行 hahⁿ！來食燒酒 hahⁿ！

教師：咱都家己咧開酒家？

趙天化：恬恬啦！來去 he 秦樓啉（lim）啦！彼个文玉啊，若無共娶起來作
第七房的姨太太，未用得啦！

教師：哦啊？頭家啊！你對娶某誠有研究？

趙天化：共恁 mē 恬恬！這是我的豔福。

教師：Hoⁿh 好，行！行！來啉酒 hahⁿ！行！

（音樂過場）

〔註 1〕 「個」文言音 kò。
〔註 2〕 「少爺」通常念文言音 siàu-iâ，但這裡唸成 sió-iâ「小爺」。似乎有意以文言與
白話夾雜的方式，來表達趙天化的粗鄙無文。
〔註 3〕 「遷」（chhiân）即拖延之意。而「遷手」指費時費事（陳修，1991：396）。
〔註 4〕 菜店，即戰後臺灣人對性產業的一種稱呼。

矮仔多瓜：哈哈！我叫是啥物人咧？恁當時仔是秘雕。

戀杉：哦！龜先生！

秘雕：啥物？戀杉、矮仔多瓜，恁二个實在眞無禮呢！Hân？一个叫我秘雕，
　　　　一个叫我龜先生。

矮仔多瓜：抑…，抑無是欲叫啥貨？啊，著啦！著啦！原來你都是武林的博
　　　　　士。

秘雕：哈哈哈哈…！

戀杉：哦，he 秘雕人穩，閣愛人呵咾哦。共叫武林的博士，抑伊都按呢「hóaiⁿ
　　　　hóaiⁿ hóaiⁿ hóaiⁿ hóaiⁿ…」

矮仔多瓜：Eⁿ…，我共你講 hohⁿ，戀杉啊！你都愛叫伊武林的博士呢，千萬
　　　　　毋倘閣再共叫秘雕佮隱龜-- 的，有聽*見抑無聽*見？

戀杉：好啦！好啦！抑是講伊哪*會號做博士？

矮仔多瓜：抑後壁彼 phok，都眞大 phok 哩咧！He 若看無眞 hohⁿ，掠準是揹
　　　　　包袱啊！抑實在是隱龜啦！哦！聽伊講此个金雞鎮 hohⁿ，一間上
　　　　　出名-- 的是叫做「秦樓」啦！Hân？抑一間「楚館」，號做「秦樓
　　　　　楚館」。抑但是楚館 hohⁿ，生理穩咧，抑秦樓查某囡仔眞濟。來…！
　　　　　來…！來食燒酒！

秘雕：哈哈…，規世人，我嘛毋捌恁咧行酒樓。矮仔多瓜，你欲招我去食燒
　　　　酒，若有意思呢？

矮仔多瓜：我共你講，略略仔稍享受咧啦！著毋著？

秘雕：我人遮呢穩！

矮仔多瓜：外穩？猶閣有比你較穩-- 的。著毋著？你這 hohⁿ，三寶呢！

秘雕：啥物號做「三寶」？

矮仔多瓜：三寶你毋知哦？你若是眠覆覆，親像隱龜橋啦；抑你若是眠坦笑，
　　　　　像藥店的研槽（géng-chô）哩咧 Hân？；抑若是眠坦敧 hohⁿ，干若
　　　　　親像日本刀。

秘雕：哈哈哈哈！矮仔多瓜，你閣眞勢共我譬相（phì-siùⁿ）！啊！我無愛入
　　　　去！

矮仔多瓜：我共你講，你此滿假作阮頭家 hohⁿ。假阮頭家，抑我，你的薪勞。
　　　　　咱都是恁彼个南京，欲來散財-- 的啦。

秘雕：身軀並無半文，抑干焦去茭店鬫鬫翸（bùn），哪有意思？

矮仔多瓜：我共你講啦！後壁你揹遐-- 的，攏珍珠呢。

秘雕：呔有？

矮仔多瓜：後壁你揹一个包袱仔，遮呢大的！

秘雕：啊…？這哦？

戀杉：Hioh 啦！Hioh 啦！你假阮頭家；阮，你奴才仔都著啦，咱來賣珍珠--
　　　的啦！咱是南京的珍珠客，毋是北京的珍珠客！

秘雕：Hoh 好！爲著欲走尋皇帝，所以不得已呢，到此个娛樂場所，來共伊
　　　見識見識吧！

矮仔多瓜：嘿…，著著！你講按呢，上有道理。聽伊講皇帝宛若眞風流哩咧。
　　　　　嘿…，無一定會去開菜店啦！來共看覓咧！

秘雕：行吧！行吧！

【秦樓】

梁白桃：身穿一領是紅衫，少年家仔 hoh，看頭擔擔（taⁿ）。老身若徛恬分恁
　　　看，枉費恁逐家咧戀心肝囉！

伙計：唉唷？頭家娘，你咧講啥貨？

梁白桃：恬恬啦！今仔日 hohⁿ，天氣晴朗，抑按呢 hohⁿ，南北東西的遐的英
　　　雄豪傑，攏會來食燒酒 hahⁿ。喂！伙計啊！查某啊！逐家都愛較有
　　　親切咧 hahⁿ。對人客毋倘失禮 hahⁿ！Hoh，我內面的查某六十外个
　　　啦：腰仔、khioh〔拾〕仔、惜仔、lio 仔、也好仔、牛奶嫂仔、大鼻
　　　吟、矮仔金，he 攏我的查某囝。抑續落去 hohⁿ，三个月前，抑及分
　　　一个號做文玉。Hoh…，he 是有夠媠！媠 kah 親像觀音、親像西施
　　　哦！抑但是可惜，伊都毋趁人客哩咧，干焦欲陪酒。抑陪酒 hohⁿ，
　　　chip-pu〔註 5〕（チップ）即外濟？人當地的好額人 hohⁿ，共出一盤
　　　欲開彩，睏一暝耳耳，三萬兩銀！抑按呢 hohⁿ，in 祖媽 hohⁿ，看錢
　　　佇遐散（sàn），抑氣都激懸哦，腹肚腸仔都縮（khiû）規丸。好，伊
　　　的五百箍買-- 的，抑無共叫出來推，推一下仔利息嘛未用得！文玉
　　　啊！來哦！出來！

文玉：來了！阿母！阿母！

〔註 5〕日文的小費。

梁白桃：Kah *ngô-bú*（ごぼう〔註6〕）咧、雞母咧，鴨母！

文玉：毋是啦！阿母！Mái 受氣啦 hoⁿ！

梁白桃：受氣？哼，恁祖媽 hoⁿ，氣都激懸，腹肚腸仔都縮規丸啦，受氣！

文玉：是按怎啦？

梁白桃：按怎？你煞毋知影講，恁母仔都是了五百箍，抑共恁阿公買來 hoⁿ，啥物講恁老父老母死囉，未當埋恁老父老母咧，抑你賣身葬父母，算起來是孝女咧 hoⁿ，所以我毋敢共你強迫。你都知影咱當地的好額人啊，干焦出一暗按呢三萬箍開彩，抑你毋都好禮仔好禮，按呢共應付一下，予恁母仔毋即會當好額！

文玉：阿母！我雖然 hoⁿ，佇此个所在，是賣面無賣身呢，這咱逐家明品明唱（chhiàng）-- 的。你毋倘共我強迫啦！

梁白桃：Hmh 唉…！你實在真狡怪哦，你哦！恁祖媽無共你推未用得！

文玉：Mái 啦！阿母！唉…，我都愛選人客即欲啦！

梁白桃：愛選人客即欲？

文玉：著啦！若假使今仔日 hoⁿ，有一个老歲仔，按呢嘴鬚長長、抑五柳長絲（gō-lúi tiâng-si）、兩耳垂肩（lióng-ní sûi-kian）、兩手過膝（chhip），彼个人來 hoⁿ，我都是…，甘願佮伊同床共枕啦！

梁白桃：Hâⁿ？人 he 選 hoⁿ，攏嘛選少年-- 的，啥物選老歲仔？啊，你目睭咧青盲！

文玉：毋是啦！我昨昏眠夢 hoⁿ，夢見講當今的皇帝，會來到咱此个金雞鎮秦樓的所在。

梁白桃：唉唷，么壽！枵屍（Iau-chhan）講未當了！你咧『異想天開』！哦 he 當今的皇帝，he 金枝玉葉，猶會來咱此个鄉村啊？Hâⁿ？咱這，算草地店 lioh！

文玉：無一定啦！有緣千里能相見，無緣對面不相逢。

梁白桃：唉咿，講按呢嘛誠有道理！Hoⁿ！抑予你看甲意，你若認定講彼个欲，你都欲佮伊過暝都著毋？

文玉：是啦！

梁白桃：抑若假使無錢呢？

文玉：抑皇帝欲哪會無錢啦？

〔註 6〕即牛蒡（Arctium lappa L.），臺語的稱呼方式「吳母」，即是日語。

梁白桃：Kah 拄好，皇帝對遮來？

文玉：試看覓仔哩咧！

梁白桃：Ho̍h 好！試看覓仔咧！來共碰碰一个機會哩咧。

矮仔多瓜：哈…！*Ta-ba-ru*〔食べる〕！*Ta-ba-ru*！

梁白桃：今你咧叫啥貨？

矮仔多瓜：我是咧叫你老蔥頭。

戀杉：喂！火車母！

梁白桃：唉哨？么壽！你這路旁屍！有-- 的叫我老蔥頭，有-- 的叫火車母，啥物意思？

矮仔多瓜：抑你煞毋知影，老蔥頭都是專門佇咧買查某囝仔，佇咧趁-- 的啦，烏龜都著啦！抑火車母啊，都是…，嘿！仝款啦！仝款意思。

秘雕：哈哈哈…！此款的名詞，真罕得聽著！按怎？矮仔多瓜！

梁白桃：唉哨？么壽！抑後壁彼个啥物人？

矮仔多瓜：He 你毋捌哦？嘿…彼个都是阮頭家。阮頭家 ho͘ⁿ，南京的珍珠客！你共看覓，後壁揹 he，嘿…，攏總是珍珠，抑佮金銀哦！財寶哦！好額人哦！你毋倘看伊穩呢，he 正港好額人呢，欲來散財呢！

梁白桃：唉哨？么壽！真正有影揹一个包袱仔，足大的啦！抑是講包袱仔哪會無愛揹咧外口，哪*會毋揹咧衫仔內？

矮仔多瓜：唉唉唉！你按呢 ho͘ⁿ，做生意人，你攏外行呢！煞毋知影講這地方 ho͘ⁿ，土匪惡霸真濟！Hâⁿ？抑阮頭家都假隱龜啦，抑其實呢，he 攏是…，嘿…，金銀財寶。

梁白桃：Ho̍h ho̍h…，我都知咧！好啦！伙計啊！今…，今…，今…，入來三樓！三樓！伙計啊！人客來 hâⁿ！上賓 hâⁿ！趕緊咧，三樓第二番啦！趕緊咧 hâⁿ！Chiâu 落*去！Chiâu 落*去！Chiâu 落*去！

（音樂過場）

梁白桃：么壽哦！此滿攏專遮的珍珠客欲來開啊！按呢富（pù）死啊！抑毋過此个毋是皇帝！此个無發嘴鬚，此个毋是皇帝。

趙天化：哼哼！你捌我 ho͘ⁿ！我都是金光腿趙天化！

梁白桃：唉哨？你敢毋是楚館的頭家？

趙天化：是啊！是啊！

梁白桃：抑按呢逐家同行咧？

趙天化：同行的即好！生成我都有錢來共你交關啦！不管啥物行啦！我共你
　　　　講哦！今仔日愛叫彼个文玉啊，共我陪酒！Hohế！抑盈暗愛答應，
　　　　愛佮我過暝！若假使無的話，hohế，你毋倘怨嘆哦！行！教師啊！
　　　　入來！

教師：好！入來！

梁白桃：么壽！為著恁咧欲拚生意 hohế，抑此个人毋甘願，抑按呢尋遮的虎
　　　　龍豹彪 hohế，欲來共我亂！么壽哦！抑此滿亂落*去到地，我都會
　　　　無生理啊！看欲按怎都好？天公啊！地公啊！你都保庇啊！伙計
　　　　啊！趕緊咧！人客來囉！文玉啊！好招待人客啊！準備伺候囉！

矮仔多瓜：唉，抑按呢聽*見講內底 hohế，一个號做文玉-- 的上出名呢！E…，
　　　　　博士啊！

秘雕：按怎？

矮仔多瓜：我看來共叫文玉仔來佮你陪酒。抑陪陪呢，你若是有甲意 h¬h°，
　　　　　順續盈暗佮伊…，嘿嘿…，『HAPPY！』

秘雕：啥物號做『HAPPY』？

矮仔多瓜：嘿…，你此个秘雕 hohế，攏毋知影此个 HAPPY！自較早恁牽手
　　　　　大節女死了後，你按呢守寡（chiú-kóaế）守四、五年啊！抑也需
　　　　　要娶一个仔牽手咧啦，來共伊輕鬆一下，看著毋著？

秘雕：唉咿？這我無慣習。咱目的上都是欲走尋當今的皇帝，欲來援助六合
　　　　禪師，收除五雷天師啊！其他的代誌，你無需要想吧！

矮仔多瓜：我共你講啦！生成愛-- 的啦！咱人努力都努力，享受也都享受
　　　　　啦！Haế？看對毋對？喂，走桌-- 的！

走桌：按怎？按怎？按怎？

矮仔多瓜：我共你講哦，此个第二番-- 的，欲叫文玉 haế！抑叫伊馬上愛來
　　　　　陪酒哦！有聽*見，無聽*見？

走桌：文玉啊！人客來啊！第二番-- 的，三樓第二番-- 的！趕緊啦！人客
　　　　來啊！文玉啊！

矮仔多瓜：嘿…！

文玉：人客官，文玉拜見！

矮仔冬瓜：免啦！免啦！免！這阮頭家啦！阮頭家啦！

文玉：抑是按怎？伊面哪會無愛越過來啦！

矮仔冬瓜：我共你講啦，你毋免看伊的面啦！你都陪伊食燒酒，續落去 hoʰ，
抑唱歌予伊聽 hoʰ。唱一條真讚-- 的哦，毋倘唱歹聽-- 的哦！
抑阮頭家會加你賞金，賞足濟-- 的啦！

文玉：按呢是毋？好啦！恁若是無棄嫌 hoʰ，抑無我來歌舞小唱啦，heh。

矮仔冬瓜：Heʰ啦！Heʰ啦！唱較好聽-- 的咧！

文玉：抑是講，伊的面哪會攏越去邊仔啦？

矮仔冬瓜：抑你管伊啦！看錢都好，毋*愛看人啦！

文玉：看錢？錢佇叨位？

矮仔冬瓜：後壁揹彼个包袱 hoʰ，攏金銀財寶佮珍珠！

文玉：Hoʰ，按呢 nih？我來共摸看覓咧？哦啊，攏碇碇（tēng）！

秘雕：哈哈哈…！毋*愛共我摸，摸了會 ngiau！

矮仔冬瓜：嘻嘻！大箍-- 的！恁 né 較好，彼个查某講咧挈彼个隱龜-- 的
hoʰ，講號做碇碇！

戀杉：矮仔冬瓜 hoʰ，上勢講白賊！He 都隱龜 phok-phok，你共講揹包袱仔，
內面攏珍珠財寶！

矮仔冬瓜：恬恬啦！『No speaking，please！』Eʰ…，抑今毋都唱落*去 hoʰ？
唱歌哦！

文玉：按呢好啦！恁聽我唱來啊！

矮仔冬瓜：唱唱唱！喂喂！讚-- 的！讚-- 的！

戀杉：哦！真讚！真讚！閣會跳舞哦，跳舞加唱歌哦！真讚！

文玉（唱【港邊送別〔註7〕】）：清早尾，送伊落船，碼頭罩茫霧。

對面的 hit 港風，吹動阮身軀。

啊！烏鴉又飛又啼，使阮神無主。

看著伊 tiàm 在船塊，恬恬無言語。

〔註7〕 西卿唱。日語曲：飯田景応。作詞：莊啓勝。這首臺語歌至少有兩个版本，
不同於戰後文夏版本：「聽著鑼聲響亮，不通惜別離，前途儘是希望。充滿著
光明，海鳥不通多情，開聲啼啼哭，船煙也像爲伊，慶祝初出航」。日文原唱，
上原敏〈波止場気質〉。

矮仔冬瓜：哦這 *Tango* 眞讚！來！我伴你跳！我伴你跳！*Tango*〔註 8〕！
　　　　　Tango！

戀杉：抑我欲共跳 *Su-li-pa*〔註9〕（スリッパ）佮炕肉〔註10〕（khòng-bah）！

矮仔冬瓜：恬恬啦！

文玉（唱）：行離水，夯手送別，心肝像針 ui。

　　　　　吐大氣，目睭金金，看伊船離開。

　　　　　啊！烏鴉又飛又啼，一隻飛一位。

　　　　　望神明著愛保庇伊，順風滿載歸！

矮仔冬瓜：大箍-- 的！咱兩个走來邊仔，抑予伊佮秘雕佇退 *sa-bi-su*〔サ-ビ
　　　　　ス〔註11〕〕！

戀杉：按按 nih？

矮仔冬瓜：予 in 兩个都好！咱走來邊仔！嘿嘿…，來去尋別人。

文玉：人客！你呔毋越過來看覓咧？

秘雕：哈哈哈…！

文玉（唱）：行離水，夯手送別，心肝像針 ui。

　　　　　吐大氣，目睭金金，看伊船離開。

　　　　　啊！烏鴉又飛又啼，一隻飛一位。

　　　　　望神明著愛保庇伊，順風滿載歸！

秘雕：（掌聲）眞好聽！眞好聽！哈哈哈！自我此个好額人，eⁿ…，出來佇
　　　　遮奔走呢，猶閣毋捌聽著查某囡遮呢勢唱歌，眞是鶯聲燕語啊。

文玉：啊，是啦！人客，啊失禮 hohⁿ！我都欲來去啊！

秘雕：啥物？你盈暗佮我陪酒，爲啥物哪*會唱著此號悲歌？你的身世到底
　　　　是怎樣，希望你講予我秘雕瞭解吧！

文玉：Hâⁿ？秘雕？你…，你…，你…

秘雕：哦！我講毋著去啊！我是好額人啦！

〔註 8〕 西班牙文 Tango，中譯爲探戈，是一種源於阿根廷的雙人舞蹈，十九世紀時盛
　　　　行於南美洲。強烈的斷奏式演奏，節奏感強烈。戰後臺語音樂曾經廣泛採取
　　　　探戈節奏的編曲，而廣爲流傳。

〔註 9〕 日語。指室外拖鞋。

〔註10〕 臺灣傳統小吃的料理。炕肉，指將三層肉久煮到幾予入口及化。

〔註11〕 這個日文詞彙，在臺灣餐廳常指免費招待的小菜。而風花場所，則指男女擁
　　　　抱親吻的意思。

文玉：是啦！我是賣面無賣身啦！

秘雕：賣面無賣身？我毋信。盈暗無論如何，你愛佮我此个好額人同床共枕！

文玉：唉，人客！你毋倘強迫我！我今仔日會來共你陪酒，此个是三聲無奈啦！

秘雕：是按怎講嗎？

文玉：因為…，因為…

秘雕：哈哈哈！我知影！你表面上講你的清白，實在你是一个真糊塗、真濫擅〔註12〕的女人啦。

文玉：唉！你哪*會共我看 kah 遐呢下賤呢？

秘雕：當然你真下賤。竹本無心，外何生枝節？

文玉：蓮雖有孔，不染沉泥。

秘雕：林深逐麋（tiȯk-bî），樵夫（kiâu-hu）不能下手嗎？

文玉：水清魚現，漁翁，你毋倘無心啦！

秘雕：哦…！查某囝仔，你閣有讀書呢，hohⁿ！出口成章啊！Haⁿ？按呢好，有對手。條直聽hâⁿ！有美玉於斯韞匵（un-tȯk）而藏諸，求善賈（siān-kè）而估之？

文玉：估之哉！估之哉！吾待賈者也〔註13〕。

秘雕：哦…，你都愛真好價即欲賣嗎？

文玉：著啊！

秘雕：Hmh hmh！暗喜金鳳結同心，有人于歸女瑟琴。從來紅顏不孤有，共期偕老為知音。

文玉：奴尚不解淒涼味，自忍于心不存孤。顧隨雞飛未逮死，莫將有憾負東隅。

秘雕：啥物意思？啥物意思？

文玉：嫁予雞，綴雞飛；嫁予狗，綴狗走；乞食，共伊揹 ka-chí 走。我絕對無欲趁人客啦！（哭聲）

秘雕：哦！恬恬！恬恬！我都是咧共你諷刺。我欲共刺探看講你有堅貞，抑無堅貞啦？Hmh，按呢貞潔。感心！感心！嘿，我毋是彼款人，我毋是彼款下流的人，你放心吧！躡退坐！躡退坐！毋倘哭啦，hohⁿ！

〔註12〕 濫，動詞，指攪和在一起。擅，恣意的行為。這個詞彙形容胡亂來的行為。

〔註13〕 〈論語子罕篇〉子貢曰：「有美玉於斯，韞匵而藏諸？求善賈而沽諸？」子曰：「沽之哉！沽之哉！我待賈者也。」

文玉：多謝啦！

趙天化：唉咿！教師啊！佇遮！佇遮！好！可惡！入來！入來！可惡啊！啊
好！此个查某，講走來遮啦，無欲共 mē 陪酒。你毋捌我毋？我都是
叫做地方的惡霸，金光腿趙天化啦！Hân？哦啊，你此个隱龜-- 的，
閣共我篡（chhòan）我的愛人啊。誠可惡！教師啊，共圍倨來！

教師：Hoh 好！圍倨來！

趙天化：唉咿！稍等咧！稍等咧！無啊！你實在是目睭攏擘無金呢？此个查
某是我咧包飼-- 的呢！Hân？你無想講你隱龜？Hân？猶閣兼啥？
Hân？夯枴仔！

秘雕：哈哈哈…！遮的人是好額人啊，後壁此个包袱仔內面，攏金銀財寶。

教師：哇？頭-- 的啊，抑你棕蓑胡蠅。

趙天化：按那講？按那講？

教師：食毛！

趙天化：Hân…？食毛？

教師：He 好額人，你看 hohⁿ！金銀財寶揹規包袱仔，來遮散財。抑你欲佮
人比啥？

趙天化：啥物貨啦！啊，好好好！此个查某我佇咧包飼，一年三萬箍咧 lioh！

秘雕：哈哈哈…！三萬箍，無夠予查某囡仔買胭脂水粉啦！

趙天化：Hân？恁 né 啊！歕雞脽，攏免納稅金-- 的！抑三萬兩銀，無夠予查
某囡仔買花粉？抑 he 花粉毋都攏買規桶，按呢絞絞咧，用規粒頭殼
落*去去翱（kô）-- 的？講遐的無孔無榫-- 的！啊好！無拍你未乖！
無拍未乖！教師啊！

教師：按那？

趙天化：推！

教師：Hoh 好！推！

趙天化：圍倨來！拍！拍！

旁白：現在秘雕都欲使用「一杖貫三元」了！

秘雕：呀哈！

趙天化：啊好啊！恁遮的教師，校都輸！抑校都輸！抑去予遐的枴仔剘（hut）
落*去到地，攏倒規片-- 的！你知影我厲害-- 無？我此步號做「金
光腿」！啊！

秘雕：予你去！

趙天化（慘叫）：唉唷喂啊！

秘雕：你毋捌我是毋？報一个名予你鼻芳咧！轟動萬教，驚動武林，在天文
　　　山得到「得勝棒」彼个秘雕，都是我啦！

趙天化：唉唷！溜哦！

文玉：啊⋯，人客官，真是使我提心吊膽，但是有驚無險！你就是轟動萬教
　　　彼个秘雕嗎？

秘雕：哈哈哈！正是秘雕。姑娘，我來此个所在，目的上都是欲走尋當今的
　　　皇帝。我毋是真正欲來開查某，你放心！

文玉：唉！我昨盈昏瞑夢 hoⁿ。瞑夢講，當今的天子會來到此个金雞鎮。但
　　　是此个夢⋯

秘雕：姑娘，夢境成真啦！可能皇帝會來。

文玉：為啥物你也欲尋皇帝呢？

秘雕：因為六合禪師真苦慘，五雷天師可惡大開殺戒。六合禪師若是無當今
　　　的天子幫忙，無可能解決著伊五雷天師。將情聽說啊（介）！

矮仔多瓜：哦？內底 pín-piang3 叫，是按怎 hioh？

秘雕：矮多瓜，頭拄仔已經拚一陣去啊！

矮仔多瓜：抑拚了是有贏，抑有輸？

秘雕：當然愛保持勝利。

矮仔多瓜：哈⋯，著！著！著！若是你武林博士 hoⁿ，抑毋是，你好額人！
　　　　　啊⋯！

文玉：我已經攏知影啦！

矮仔多瓜：Hâⁿ？Hâⁿ？抑查某囡仔攏知影 lioh？

秘雕：我已經吐露真相囉，毋倘騙人！

矮仔多瓜：哈哈，著啦！著啦！後壁 he hoⁿ，彼个包袱仔，he 都是號做寶
　　　　　貝。

秘雕：Hâⁿ？矮仔多瓜，你講啥物？

矮仔多瓜：啊！毋是啦！He 隱龜啦。

秘雕：Hâⁿ？

矮仔多瓜：啊！毋是，武林的博士。

文玉：我真了解啦！此攤（thoaⁿ）予我招待 hoⁿ。

矮仔多瓜：此攤你欲招待？歹勢啦！查某囡仔，初見面！

文玉：無要緊啦！恁遮的攏總是東北派的英雄好漢。人我文玉 hoⁿ，眞誠心，
　　　愛交陪遮的英雄好漢呢。

矮仔多瓜：Hoh，按呢好！按呢好！此攤予你請。此攤予你請。嘿嘿…

梁白桃：來了！文玉啊！一个老歲仔 hoⁿ，五柳（gō-lúi）長絲，哦啊，兩耳
　　　　垂肩、兩手過膝，你昨盈昏暝夢 hoⁿ，彼个面相，已經對咱遮來啊
　　　　lioh。

文玉：有影是毋？

梁白桃：Hioh 囉！趕緊準備共伊陪酒。

文玉：是啦！秘雕大俠、矮多瓜、戇杉，恁踮遮飲 hoⁿ，抑我來去…，陪一
　　　个人客！

矮仔多瓜：Hioh！好啦！好啦！多謝！多謝！

文玉：請了！

矮仔多瓜：順行！順行！

秘雕：矮多瓜！

矮仔多瓜：按那？

秘雕：方才此个店婆佇咧講，有一个五柳長絲（ngó-lúi tiâng-si）、兩手過膝的
　　　老歲仔對遮來，可能是當今的天子。

矮仔多瓜：敢會按呢？

秘雕：是啊，這也未已可定，向前查探詳細吧！

矮仔多瓜：好啦好啦！

【楚館】

趙天化：唉唷！恁遮的實在有夠飯桶呢！抑恁 mē 請恁教師 hoⁿ，請百外个，
　　　　按呢干焦領薪水耳耳！抑連彼个隱龜-- 的，你都拍未贏，去予拍 kah
　　　　歪膏 chhih 斜。啊！我眞了然。

教師：抑你哪會講按呢啊？抑你予伊用彼支枴仔 hm3 落*去到地，毋是按呢
　　　口吐鮮血。

趙天化：按呢好！我共你講哦，五百箍共我提去 hahⁿ，提去此个三才峰啊，
　　　　去共我請參眼參腳參臂人啦。

教師：Hâⁿ？首領，你講「參眼參腳參臂人」是啥？

趙天化：煞毋知影講三蕊目睭，閣三肢腳，閣三肢手，號做「參眼參腳參臂
　　　　人」。請彼个人來 hohⁿ，都有可能解決著此个秘雕。

教師：按呢好，五百箍提去，我馬上來去請。

【三才峰】

教師：來啦！已經到位啊！

趙天化：嘿嘿…！誠緊！誠緊！

參眼參腳參臂人：我都是參眼參腳參臂人。接受著你的五百兩的白銀啊！受
　　　　　　　　人的錢財，為人消災。有啥物代誌嗎？

趙天化：E…，我共你講，你趕緊到此个秦樓，內面有一个人客，曲痀-- 的，
　　　　號做秘雕。彼个共我結果擲殺 hohⁿ！閣來，後謝宛若五百予你。

參眼參腳參臂人：我來去，萬無一失啊！

趙天化：嘿嘿…！穩好勢-- 的！穩好勢-- 的啊！

【秦樓】

矮仔冬瓜：秘雕啊！害啊！害啊！Hoh！外口有一个三蕊目睭-- 的，抑閣三
　　　　　肢腳，抑閣三肢手 lioh。抑講佇遐挑戰啦，講「秘雕！早出來，
　　　　　早死；慢出來，慢死。」

秘雕：啥物？參眼參腳參臂人？武林烏道真出名！按呢好，我出來佮伊拚。

矮仔冬瓜：Eⁿ…，抑毋過按呢 nih！你的腳即肢半耳，抑手嘛肢半，抑目睭
　　　　　嘛的時陣爾一蕊半。哦，攏減一半，欲佮伊拚，若有法度？

秘雕：你此滿咧講啥？

矮仔冬瓜：彼个目睭，按呢大細目，抑續落去長短腳，毋過的時陣爾香櫞
　　　　　（hiuⁿ-îⁿ）手，都 按呢減人一半，這拚穩輸。

秘雕：矮仔冬瓜，你免講 he？無意思！

戀杉：我共你講啦！矮仔冬瓜！人秘雕雖然減一半，抑毋過人伊加一 phok，
　　　按呢補過啦！這有拚咧啦！

秘雕：哈哈哈！

矮仔冬瓜：拚落*去！拚落*去！

參眼參腳參臂人：哈哈哈…！一个五不全，跛腳、曲痀，敢欲向我參眼參腳
　　　　　　　　參臂人的攻擊，你明明就是目不識丁啦！該死！啊！

（音樂過場）

旁白：三眼三腳參臂人，使用著伊的絕招，都欲解決秘雕。秘雕飛行縱跳，
　　　猶原輕身如同燕子，所以呢，使伊一籌莫展。此个時陣的秘雕，都欲
　　　使用著伊的「一杖貫三元」了。

秘雕：啊！

參眼參腳參臂人：哦！（慘叫聲）

秘雕：哈哈哈！

旁白：現在三眼三腳參臂人，伊的腳骨、手骨，佮目睭，攏總去予 phok 一
　　　蕊、抑斷一腳、閣再予伊斬一手了。

矮仔多瓜：按呢好！按呢好！抐落*去！抐落*去！此滿二眼、二腳、二手耳
　　　　　耳。抐落*去！

秘雕：呀！

參眼參腳參臂人：啊！（慘叫聲）

秘雕：抑有啥物多大的能爲？展來吧！

參眼參腳參臂人：投降啦！投降啦！秘雕啊！貧道這五百箍予你！

秘雕：啥物？你看我秘雕是貪戀金錢的人是毋？

參眼參腳參臂人：我都受人的錢財，爲人消災啊。那知我的功夫毋是你的對
　　　　　　　　手啦，我甘願看破轉來隱遁啦 heh！

矮仔多瓜：我共你講哦！毋倘爲錢，都欲刣人啦！Hân？此款-- 的，號做職
　　　　　業的兇手，此款 hoʰⁿ，罪上重呢，你知毋知？抑無彩講你生 kah
　　　　　遐奇怪，三眼三腳閣參臂人，抑今賰二蕊目睭、二肢腳、閣續落
　　　　　*去二肢手，按呢作平常的人都好，hâⁿ！

參眼參腳參臂人：好啦！請問，咱此位囡仔兄…

矮仔多瓜：哭父啊！叫恁 mē 囡仔兄？

參眼參腳參臂人：抑無，你遐呢細漢

矮仔多瓜：Hâⁿ？抑我堂堂三尺以上的男子漢，五尺以下的大丈夫呢。貧 e 道，
　　　　　元州教祖、了世眞人、太上大覺、矮多瓜。

參眼參腳參臂人：哈哈？Hoh，矮仔多瓜！

矮仔多瓜：恬恬啦！轉去！叫我多瓜公仔。

參眼參腳參臂人：Hoh hoh，多瓜公仔！失禮 hoʰⁿ！啊，多謝！告辭！請了！

（風聲）

秘雕：矮仔多瓜，愛注意！

矮仔多瓜：按那？

秘雕：數道的烏影對著此个厝頂縱入，打算是欲來弒（chhì）皇殺駕。

矮仔多瓜：Hân？弒皇殺駕？抑毋煞欲刣皇帝呢？

秘雕：無錯！

矮仔多瓜：E…，抑你佇咧講彼个五（gō）柳長絲、抑二支手過膝，Hân？抑
　　　　　he 目睭看耳仔看會著，彼个都是皇帝哦？

秘雕：都是當今的皇帝，即會兩耳垂肩、兩手過膝、五（ngó）柳的長絲。
　　　Hmh…隨背後，來共看覓咧。

矮仔多瓜：按呢好！『看一看，便知道』。（音樂過場）

【金蘭廳】

刺客甲：佇遮！此間號做金蘭廳。

刺客乙：奉五雷天師的交代，暗殺當今的天子。皇帝若無共刣死呢，六合會
　　　　去予跳級。六合若去予跳上（chiūn）「飛龍在天」，眞不利。

刺客甲：按呢好！

刺客乙：注意！

刺客甲：：請！

（音樂過場）

矮仔多瓜：較注意咧！大箍-- 的！

戀杉：我知啦！

矮仔多瓜：較細聲-- 的啦！恁娘較好咧！毋倘打草驚蛇啦。掠…，掠…，掠
　　　　　遮的歹人掠著 hohn，咱兩个救駕有功呢。抑佮皇帝交陪未穩哩
　　　　　咧！

戀杉：Hoh，按呢 nih？

矮仔多瓜：Hioh noh！佮皇帝交陪，續落去即介紹皇帝佮咱師父六合熟似，
　　　　　按呢毋即較緊。

戀杉：Hoh，好啦！有人來…！

矮仔多瓜：Kh…k，Kh…k，恬恬啦！毋*愛遐大聲嚷啦！

戀杉：好啦！

（音樂過場）

文玉：參見人客官！

朱嘉靖：哦！此位姑娘，你啥物大名呢？

文玉：我就是姓文，名玉啦。

朱嘉靖：Mh…，文玉？名符其實。眞文靜，抑你按呢親〔註14〕像似玉無瑕，
　　　　眞潔白。

文玉：多謝你的讚謬！請問人客官，高姓大名？

朱嘉靖：老漢姓衛，名受啊。家住京城的人氏。

文玉：哦！眞幸運，會當會著京城的貴賓。

朱嘉靖：嘿嘿…，不敢當！不敢當！Hoh 來，椅遐坐吧！

文玉：多謝 hohⁿ！請問人客官，咱毋知恁咧做啥物生理 hohⁿ？

朱嘉靖：我佇咧販賣珍珠。

文玉：哦，按呢！

朱嘉靖：Eⁿ…，紫陵！你去外面，小寡注意咧！

紫陵：知了！

朱嘉靖：方才此个都是…，我的奴才啊！伊出去外面…，恁咧觀看著四方的
　　　　消息。

文玉：是有啥物消息呢？

朱嘉靖：Hoh，無啦！無啥物消息 hohⁿ！你查某人也無需要知影。來！你我
　　　　有酒同飲吧！

文玉：人客官，你…

朱嘉靖：怎樣是毋？

文玉：你敢是當今的…，唉…！

朱嘉靖：當今的啥物？

文玉：你是當今的主君嗎？

朱嘉靖：Eⁿ…！姑娘，你誤會啦！我是一个生理人。當今的皇帝是金枝玉葉，
　　　　伊是在此个京都，絕對無來到此地啦。Hohⁿ！皇宮內院，哪有可能
　　　　會來到此个鄉村呢？

文玉：我想有緣千里能相見，無緣對面不相逢啦。

朱嘉靖：講按呢嘛是有道理。抑你爲啥物，哪會講我是當今的皇帝？

〔註14〕Chhân。

文玉：因爲我的命眞歹！自當初雙親離開世間，賣身葬父母，所以即入此个
　　　秦樓。昨盈昏眠夢講，當今的天子會來到遮。所以說，我佮當今的天
　　　子宿世良緣啦！

朱嘉靖：哈哈！你佮當今的天子宿世有緣啊？

文玉：著啊！

朱嘉靖：抑假使我若是當今的天子，你嘛是毋捌我。

文玉：毋過我的阿爹較早是禮部郎中，是做官人。伊會知影即著啊！所以我
　　　知影當今的天子，伊若出門，一定有扎（chah）寶貝。

朱嘉靖：寶貝？

文玉：著！

朱嘉靖：皇宮內院的寶貝，你敢看捌？

文玉：我知影啦！

朱嘉靖：按呢好！我一項物件予你看覓？看這，你知影抑毋知？

文玉：啊！毫光萬道，瑞氣千條！這都是九獅玉環！

朱嘉靖：Hâⁿ…？你知影此號做九獅玉環嗎？

文玉：著！此款物件一定是當今的天子，即有此个物件啦！啊，萬歲！吾主
　　　萬歲，萬萬歲！

朱嘉靖：平身！

文玉：毋啦！你共我封一下，我即欲爬起來啦！

朱嘉靖：按呢好！寡人若是回朝呢，封你爲西宮之職。

文玉：謝旨隆恩啦！

朱嘉靖：原來是愛妃。

文玉：算起來都是主君啦！暗，眞久了！請主君進房安睡（an-sûi）。

朱嘉靖：多謝愛妃的雅意。

（風聲）

文玉：主君！你先睏 hohⁿ！

朱嘉靖：怎樣是毋？

文玉：Hm…，有人欲來暗算。

朱嘉靖：Hâⁿ？愛妃，難道你也有練武功是毋？

文玉：見君王莫說假話啦！我就是東北女先覺金鳳凰的徒弟。

朱嘉靖：哦！金鳳凰？我眞早都聽伊的名，也是東北派的女先覺。按呢好！
　　　　小心注意。

文玉：知了。

（音樂過場）

旁白：西南派遮的妖道，準備欲暗算當今的天子朱嘉靖。此個時陣的女俠文
　　　玉，使用著伊的氣功，都欲來相殺遮的妖道了。雙方正在準備一觸即
　　　發。此爿面，秘雕，同矮仔多瓜、戀杉也伏在外口。情形在緊急的時
　　　陣，現在，女俠，此个文玉先下手爲強，使用著「觀音十八手」欲來
　　　收除遮的妖道了。

文玉：呀！

刺客：啊！啊！啊！（慘叫聲）

（音樂過場）

旁白：七、八名妖道，被著「觀音十八手」拍著，個個攏總破功，都欲走出
　　　來的時陣，矮仔多瓜、戀杉同秘雕閘（chah）咧，一網打盡。

秘雕：呀哈！

旁白：七、八名的妖道，被秘雕拍得落花流水。死者死，逃者逃了！

矮仔多瓜：嘿嘿！此滿閣蹛咧，-- 閣？

秘雕：遮的屍體，趕緊準備共埋埋咧，毋倘予萬歲看著。予萬歲看著 hoⁿ，
　　　伊會著驚。

矮仔多瓜：戀杉！趕緊咧！屍體拖出去埋！

戀杉：恁娘咧！恁 mē 都毋是土公仔講，專門咧埋死人-- 的？共叫彼个店
　　　婆。店婆啊！

梁白桃：唉唷！恁遮的人客啊！毋倘遮呢么壽啦！抑按呢蹛遮共我亂天亂
　　　　地，我穩當無生理-- 的！

矮仔多瓜：恬恬即有乖哦！內底彼个皇帝哦！阮遮的人救駕呢！你知毋知？
　　　　　Hahⁿ！阮遮來救駕-- 的呢！遮的屍體共埋埋咧，毋倘予皇帝看
　　　　　著。皇帝若驚著，你都有代誌哦！

梁白桃：唉唷！好啦！走桌-- 的啊！趕緊咧啦！遮-- 的拖拖入去啦！

秘雕：Hmh…，矮仔多瓜，你看有清楚-- 無？

矮仔多瓜：看啥？

秘雕：此个查某囡仔，毋是普通人啊！

矮仔多瓜：Eⁿ…，抑無，若有啥物個樣？哼，抑嘛是有時陣的耳耳，有嘴、
　　　　　有目睭，呔有啥物個樣？

秘雕：遮的妖道是內面噴出來-- 的，絕對毋是皇帝所共伊拍-- 的，一定都
　　　是此个文玉小姐所發的氣功啊。

矮仔多瓜：唉咿…，著哦！按呢看，這刺瘤仔〔註15〕，毋是菝仔〔註16〕呢！
　　　　　當時仔宛若是江湖的女俠呢！

文玉：來了！

矮仔多瓜：Hioh！文玉小姐！

文玉：是啦！恁三位都是救駕的功臣，請入來內面，求見當今的天子吧！

矮仔多瓜：嘿嘿…，我毋捌看著皇帝 lioh！

戀杉：哦，he 皇帝我定定佇咧看。

矮仔多瓜：臭彈！大箍呆，你佇叨*位看著皇帝？

戀杉：He 阮遐，歌仔戲定定咧做，he 皇帝攏嘛掛嘴鬚。

矮仔多瓜：恬恬啦！此个是真真正正的皇帝呢。Hāⁿ？咱此滿都是看著真命
　　　　　天子啊！嘿，秘雕啊！嘿嘿…，咱入來去！入來去！入來看皇
　　　　　帝！

文玉：請對遮來。

矮仔多瓜：Hoh！行！行！行！

（音樂過場）

矮仔多瓜：跪落*去！跪落*去！跪落*去！

戀杉：Hoh，都愛跪呢？

矮仔多瓜：跪落*去！跪落*去！吾主萬歲！萬萬歲！

秘雕：吾主萬歲！萬萬歲！救駕來遲，請萬歲赦罪！

戀杉：啊…，萬衰！萬萬衰！

矮仔多瓜：大箍呆，啥物萬衰？萬歲！

戀杉：萬歲！萬萬歲！

朱嘉靖：眾卿平身（phêng-sin）！

〔註15〕 刺瘤仔，學名：Randia spinosa（Thunb.）Poir.，臺灣話又稱爲山石榴、假石
　　　　榴、山菝仔、菝仔刺、山刺菝、刺菝仔等，長在臺灣中低海拔闊葉林，莖節
　　　　有刺，因而有「刺仔」別稱。除了觀賞，也被用來當作治療散瘀消腫、解毒、
　　　　止血等功用的藥草。

〔註16〕 即番石榴。

戀杉：哇！

矮仔冬瓜：Eⁿ…？大箍呆，你欲走去叨*位？走去叨*位？

戀杉：恁娘我鬼咧！講欲共我掠去烹心（pheng-sim）啦！

矮仔冬瓜：毋是啦！人 he 皇帝叫咱遮的人爬起來，徛予挺 hohⁿ，號做「平
　　　　　身」。Hohⁿ。身，是「身體」的「身」啦，都是叫你徛起來，號
　　　　　做「平身」啦。『立正』都著啦！

戀杉：Hoh，『立正』？

矮仔冬瓜：Hioh 啦！

戀杉：抑我愛按怎講？

矮仔冬瓜：你都講「謝恩〔註 17〕（in）」啦！

戀杉：謝恩啦！萬歲！萬萬歲！

朱嘉靖：眾卿，幸得來此个所在救駕，寡人龍心大喜，封三位為救駕大將
　　　　　〔註 18〕（chiang）軍啦！

秘雕：哈哈哈…！謝旨隆恩！

矮仔冬瓜：嘿…，謝旨隆恩！

戀杉：謝旨隆恩！

矮仔冬瓜：Eⁿ…，吾主萬歲啊！今仔日，來此个所在救駕 hoh，攏總是此个
　　　　　姑娘的功勞啦！抑阮是佇外面 hohⁿ，抑按呢拾此个幼屑（iù-seh）
　　　　　尾仔〔註 19〕耳耳哩咧！Hohⁿ！此个文玉小姐 hohⁿ，確實啊，伊的
　　　　　功夫有夠厲害！頭拄仔遐的歹人去予伊拍 kah 落花流水，抑…，
　　　　　阮來拾陣尾都著！Eⁿ…，我有一層代誌 hohⁿ，請萬歲抑幫忙幫忙。

朱嘉靖：哦！賢卿，你啥物大名？

矮仔冬瓜：嘿嘿…我號做矮仔冬瓜。

戀杉：抑我，戀杉 巴該野魯〔註 20〕！

秘雕：我是秘雕。

朱嘉靖：Hmh hmh！恁是東北正派的豪傑英雄，寡人非常的歡喜。有啥物困
　　　　　難？請道其詳吧！

〔註 17〕 漳音。泉音 un。

〔註 18〕 漳音。泉音 chiong。

〔註 19〕 拾幼屑尾仔：可能是「拾魚屑」與「拾肉幼仔」的結合語。拾魚屑（khioh hî-seh）：
　　　　 即撿拾別人捕魚後，挑檢具有經濟價值的魚貨後，其餘丟棄在水溝裡的雜魚。

〔註 20〕 日語ばかやろぅ諧音。

矮仔多瓜：是按呢啦！阮師父都是號做六合啦。阮師父是大慈大悲呢，攏總
　　　　　是佇 he 南天祭天壇 hoʰⁿ，佇咧講經傳道-- 的啦。抑為著按呢，
　　　　　幫助著咱此个國家，hoʰⁿ，抑的時陣耳耳服務社會，抑使遮的烏
　　　　　道份子 hoʰⁿ，遮的歹人，西南的妖道足憤慨-- 的，抑按呢欲相殺
　　　　　阮師父。阮師父去予追到按呢歪膏 chhi5 斜，親像彼个孔明，咧
　　　　　棄新野、走樊城啦。抑續落去，阮師祖三个，攏去予拍死！老和
　　　　　尚、天生散人、賣唱生攏死啊！

朱嘉靖：Hmh…，希望賣唱生、老和尚、天生散人毋*愛死吧！

矮仔多瓜：唉唷！這皇帝開金口！

戀杉：按那？

矮仔多瓜：He 皇帝若咧開金口 hoʰⁿ，hmh…，我看賣唱生、天生散人、老和
　　　　　尚可能未死的款。抑我講著阮師祖 hoʰⁿ，抑皇帝煞恬恬，也無講
　　　　　按怎哩咧，我看阮師祖未活啊！抑若 in 三个人，我看應該未…，
　　　　　未死即著。哈！多謝萬歲，你的開金言，按呢三秘可能未死啦
　　　　　hoʰⁿ！抑我是希望講，主君，抑你若佮阮師父見面的了後，幫助
　　　　　阮師父一臂之力，好解決此个五雷天師。

朱嘉靖：Hmh hmh！趕緊尋六合禪師，見寡人一面啦！我踮此个所在，候等
　　　　禪師吧。

矮仔多瓜：好啦！好啦！較趕緊咧，來去尋阮師父！

戀杉：好！來去尋六合禪師。多謝皇帝 hâⁿ！

矮仔多瓜：啊，感謝萬歲！

文玉：是啦！請主君入來養神吧！

朱嘉靖：多謝愛妃！候等六合禪師到此見面啊！

（音樂過場）

【野外】

刺客甲：好厲害的秘雕！

刺客乙：彼个查某的功夫，猶閣較厲害。

刺客甲：死一半較加。

刺客乙：趕緊來走尋五雷天師，好解決秘雕的性命。

刺客甲：好！趕緊走尋五雷天師。

（音樂過場）

【六合】

六合：東北風雲起，六合斷腸時。天南地北，走尋當今眞命天子嘉靖君。到底嘉靖君在哪裡？嘉靖君敢有來到此个江南地面？劉伯溫先生，你的指點，不敢不遵，我誠心虔意都欲找尋天子，希望會當跳上著「終日乾乾」，直到「飛龍在天」，爲著我的老師，爲三俠來報仇。啊！蒼天啊…！

矮仔多瓜：師父啊！師父啊！

戀杉：參見六合禪師！

六合：哦…，戀杉、矮多瓜！怎樣？

矮仔多瓜：哈，我講予你聽啦。現在 hohⁿ，我佇 he 金雞鎭的所在，去見著當今的萬歲 lioh。

六合：Hâⁿ？當今的萬歲來到金雞鎭嗎？

矮仔多瓜：我無騙你啦！一言難盡，將情聽說了（介）！

六合：若按呢，趕緊來求見萬歲就是。

矮仔多瓜：哦啊…，萬歲眞久等候…，都欲看你呢。哦啊！眞歡喜，你此滿若看伊一面 hohⁿ，萬歲一定會共你敕封-- 的。

六合：是啦！趕緊帶路了吧。

矮仔多瓜：好，對遮來了！

（音樂過場）

【金蘭廳】

矮仔多瓜：吾主萬歲、萬萬歲。

朱嘉靖：哦，矮多瓜大俠，如何呢？

矮仔多瓜：阮先生 hohⁿ，佇 he 外面佇咧等。萬歲你若無共伊調，伊毋敢入來。

朱嘉靖：哦，傳調六合禪師晉見吧！

矮仔多瓜：師父啊！萬歲請你入來。

六合：來了。罪人見駕，吾皇萬歲、萬萬歲。

朱嘉靖：Hmh…！羽冠樸褂（í-koan phok-kòa）、氣宇〔註21〕軒昂（khì-í hian-gâng），生做眉清眼秀，眞是大羅眞仙的六合啊。

〔註21〕羽、宇：ú 泉音／í 漳音。

六合：吾主萬歲萬萬歲。

矮仔多瓜：哦…，阮師父按呢 hohⁿ，去予當今的萬歲共伊封做大羅天仙。嘿嘿…，已經跳級啊！已經跳級啊！

朱嘉靖：哦，賢卿六合，有何困難吧？

六合：萬歲！劉伯溫先生指點，見主君一面，我就有可能降服著此个五雷天師。可憐！我的老師，北海三大名師的慘絕，就是三秘的陣亡，真是令我痛心。開殺戒！修道人問心有愧。但是在此个時陣，不知如何是好啊？望吾皇萬歲定奪啊！

朱嘉靖：哦…，五雷天師此个人是強暴，這是殺人大罪犯。賜賢卿你，以強制強、以暴制暴。親像五雷天師此種人呢，就是愛賢卿你使用著全力，使用氣功，共伊收除擲殺！

六合：多謝有道明君。告別，請！

秘雕：哈哈哈…！現在的六合禪師受著萬歲有旨，開殺無罪啦！我秘雕也需要隨背後，來去共我的師伯發落喪事了。

矮仔多瓜：Hahⁿ？五雷天師，你的師伯？

秘雕：然也。告辭！請！

矮仔多瓜：吾主萬歲啊！我也都欲離開啊！戀杉啊！趕緊的啦！來*去看咱師父大開殺戒。

文玉：吾主萬歲！現在代誌已經解決囉。我尋你來見著我的師母金鳳凰。

朱嘉靖：按呢好！寡人希望尋此个女先覺金鳳凰吟詩作對。

文玉：是啦！吾主萬歲，隨我來啊！

朱嘉靖：帶路啊！

（音樂過場）

【野外】

宇宙先生：嘿嘿…！無簡單！無簡單！實在六合真苦心啦！抑皇天不絕苦心人，終於呢，六合已經見著大明的天子。大明的天子見著伊的風度耳耳，見面共伊敕封叫做大羅真仙。咱一个修行家，都欲煉 kah 成大羅天仙 hohⁿ，毋知愛幾百年？哼？有-- 的煉規世人，都無可能成大羅天仙。此个大羅真仙的意思呢，包含真深啦！

混沌先生：啥物深？大羅真仙敢都未死是毋？

宇宙先生：我都毋是講，大羅眞仙未死咧。

混沌先生：我想，若是六合去抵著五雷天師，一定會去予五雷天師拍死。

宇宙先生：E…，混沌先生，你毋倘傷武斷呢。若較早六合猶未見著大明的
　　　　　天子，猶未去予封作大羅眞仙，凡勢都會去予拍死。抑一旦去予
　　　　　大明的天子開金言，共封作大羅眞仙的以上啦！Hmh…！此滿伊
　　　　　完全跳過「終日乾乾」第四爻，續落去呢，已經進到第五爻「飛
　　　　　龍在天」啦！二人眞拼咧啦！毋是講我此个宇宙先生啊，佇咧共
　　　　　六合褒獎。五十年前，六合一掌定風波、人頭橋、人參島〔註22〕。
　　　　　Hân？若聽著六合，攏總跍（khû）落*去、腳尾攏冷去。

混沌先生：好啊！好啊！講 he 無路用。我一定都欲共六合收屍埋葬。

宇宙先生：Hoh 按呢。按呢你的人，眞慈悲呢。

混沌先生：然也。然也。隨背後來共看一下詳細都會知影。

宇宙先生：擋咧！擋咧！擋咧！矮多瓜、秘雕，恁逐家慢且去。我有一件代
　　　　　誌都欲共恁交代，你愛趕緊咧，去見女先覺金鳳凰啊。此个金鳳
　　　　　凰，就是佮此个五雷天師眞好哦！假使金鳳凰若是幫助五雷天師
　　　　　呢，六合禪師眞危險！所以，金鳳凰先共安貼 tiâu 咧，予伊毋*
　　　　　愛管閒事，按呢六合禪師單人呢，即好打算，都欲應付五雷天師，
　　　　　即應付會過去。

矮仔多瓜：Hoh，按呢哦？抑彼个金鳳凰是蹛咧叨位？

宇宙先生：金鳳凰對遐去。彼爿號做鳳凰山，遐有一个煉氣士、女先覺叫做
　　　　　金鳳凰。

矮仔多瓜：按呢好！我來見此个女先覺金鳳凰，共講予好勢。抑阮三个人去
　　　　　敢有效？

宇宙先生：金鳳凰做人 hohⁿ，眞狡怪，抑閣再時陣的耳耳，知書達禮，也會
　　　　　吟詩作對、作謎猜，抑攏會考人的頭腦。抑你矮多瓜頭腦未穩，
　　　　　而且你的三寸不爛之舌啦，可能是…，有可能說服此个金鳳凰即
　　　　　著啊。緊去！緊去！毋倘延遲。

矮仔多瓜：啊，『謝謝你』！好！行！行！

混沌先生：唉唉唉！共你看起來，你宇宙先生干若未輸東北派的人？

〔註22〕 1966 年電塔唱片《六合血染風波城》（全套 36 張）、1968 年《六合三秘魂斷
　　　　血海人頭橋》（全套 20 張）、1970 年《流星人血戰死刑島》（全套 30 張）。

宇宙先生：毋是講東北派啦！奸臣賊子、亂世害蟲，人皆共誅（ti）。抑是孝
　　　　　子賢孫，人皆共扶啊！這是一定道理。

混沌先生：Hmh…，這是東北派佮西南派佇咧爭鬥，你牽連 kah 對遐去。我
　　　　　看，金鳳凰絕對無可能加入著伊東北。

宇宙先生：這毋知啦！隨背後觀視，便知分曉。現在的六合禪師佇開殺戒的
　　　　　邊緣啦，五雷天師接近死亡的界線囉！

【鳳凰山】

金鳳凰：修仙學道甚稀奇，煉成金剛助根基啊。山人，女先覺金鳳凰啊！煉
　　　　kah 棄老還少，威鎮在鳳凰山。我所傳授的女徒弟，每一个攏是武
　　　　林道上有名的女俠。我一生最尊敬-- 的，就是萬教慈母孤單老人。
　　　　我一生交陪，最知己朋友是五雷天師啦。蒲團靜坐，了悟真機。

道童：報！轟動萬教驚動武林的元洲教祖、太上大覺到位。

金鳳凰：哦？元洲教祖、太上大覺？真罕得聽著。來人啊！敲鐘擂鼓，迎接
　　　　元洲教祖，伺候。

金鳳凰：哦？元洲教祖？你是棄老還少、棄少還童，是毋？

矮仔多瓜：嘿嘿！正港棄老還少、棄少還童，棄童還少閣棄少還老。還老閣
　　　　　還童，還了閣再還，毋還強強還。我已經三百八十歲的道行了。

金鳳凰：哦？果然如此。你敢毋是六合的徒弟，彼个矮仔多瓜？

矮仔多瓜：哇！

戀杉：嘿嘿…，矮仔多瓜攏上愛臭彈啦！漏氣啊！無較 choah 啦！著啦，伊
　　　號做矮仔多瓜，我號做戀杉，抑此个號做秘雕。

金鳳凰：哦！秘雕？名不虛傳，大駕光臨，失敬！失敬！到底恁眾人有啥物
　　　　貴幹嗎？

戀杉：Hân？矮仔多瓜！此个金鳳凰，此个查某人啦，無讀冊啦！抑有這講
　　　話講遐呢土，啥物「鬼幹著」！

矮仔多瓜：哭枵啊！烏白講！人 he 是講「貴幹」，『有什麼貴幹』，he 是講啥
　　　　　物貴事啦！你大箍呆，烏白聽！

戀杉：Hioh 啦！抑我今仔日都是有彼種貴事 hoⁿ，即來到遮尋你哩咧。

矮仔多瓜：你恬恬，好毋好？你講話攏按呢土 piák-piák，予我矮仔多瓜來講
　　　　　都好。嘿嘿…，女先覺啊！實在是按呢，阮師父 hoⁿ，今仔日已

經都欲開殺戒哩咧！抑皇帝宛若共贊助呢，皇帝啊，叫阮師父開殺，拍死五雷天師。抑聽伊講五雷天師都是你朋友，但是咱都是愛扶正滅邪，hohⁿ，來保護善良啊，即號做女先覺啦！假使你若佮五雷天師為伍，近朱者赤、近墨者黑，好人作伙都好，抑若佮歹人作伙變成歹--的呢。無彩講你遐呢嬌，抑你教的徒弟，逐家攏江湖有名的女俠，你看著毋著？

金鳳凰：Hoh…，矮仔冬瓜，你說者有理。但是咱逐家 hohⁿ，有一个歡喜甘願啦！

矮仔冬瓜：Hoh，按那？

金鳳凰：我來作一个對仔予你對。Hohⁿ，假使你若對會著，咱即閣來講啦。

矮仔冬瓜：Hoh，按呢哦？

金鳳凰：然也。

矮仔冬瓜：Hoh，按呢好哦！你作看覓咧哦！

金鳳凰：條直聽 hâⁿ！因為你都欲入來的時陣，我的洞口 hohⁿ，有兩欉荔枝〔註23〕（nāi-chi），有--無？

矮仔冬瓜：有哦！有哦！Hoh…，兩欉荔枝生 kah 累累墜墜。

金鳳凰：是啊！條直聽 hâⁿ！雨打荔枝枝水滴，按呢予你對啦！

矮仔冬瓜：Hâⁿ？「雨打荔枝枝水滴」，he 都是按呢：he 雨佇咧拍荔枝啦，抑荔枝的此个葉，he 水按呢滴咧、滴咧，號做「雨打荔枝枝水滴」。抑今，這欲對啥貨啊？

戀杉：抑…，我來共對啦！

矮仔冬瓜：大箍呆！你也會對？

戀杉：會唗！你閣講一遍！

金鳳凰：雨打荔枝枝水滴。

戀杉：風吹菅蘭蘭頭〔註24〕搖。

〔註23〕 荔枝，是臺灣南部常見夏日的水果，果肉多汁、甘甜，易與核分離。在此故意取「枝」與女性生殖器「膣」同音，所造成的葷笑話。

〔註24〕 菅蘭，在臺灣低海拔的山壁或路旁常見多年生草本，花序圓錐狀，花藍紫色，看來有點像蘭花，但其實是桔梗蘭，俗名山菅蘭、竹葉蘭。在此故意出現錯誤的變調，所產生的諧音趣味。蘭，本調 lân，理論上這個詞彙不應變調，而戀杉卻故意讓它變調為 lān，跟男性生殖器「𡳞」（lān）同音。而後的「蘭頭」卻念為 lān-thâu，聽來正好與「𡳞頭」同音。

矮仔冬瓜：啊！大箍呆，你按呢烏白講！

戀杉：按那烏白講？

矮仔冬瓜：按呢敢有對？啥物「風吹菅苼苼頭搖」？

戀杉：抑都此个風佇咧吹此个菅蘭（koaⁿ -lân）-- 無？Hoⁿ！抑彼个菅蘭的
彼款頭，按呢搖咧、搖咧嗎！

矮仔冬瓜：嘿咿…，按呢有對抑無對？

金鳳凰：按呢有對啦！因為我作此个「雨打荔枝枝水滴」hoⁿ，「雨」是屬
於水，抑水都愛對「風」；抑「雨打」hoⁿ，對「風吹」；抑「荔枝」
對此个「菅蘭」。按呢有對啦。

矮仔冬瓜：嘿嘿…，大箍-- 的，你實在有勥（khiàng）呢！

戀杉：抑我都都欲起來退 hoⁿ，看 he 風佇咧透，毋 hoⁿ？抑 he 菅蘭按呢搖
咧、搖咧，按呢「sà-á！sà-á！」抑我都共記起來哩咧，按呢從按有對。

金鳳凰：按呢咱三擺，來分輸贏。

矮仔冬瓜：好哦！好哦！賰兩擺哦！賰兩擺 hoⁿ！此滿換我哦！

金鳳凰：著啦！換你！

矮仔冬瓜：嘿！我作一个謎猜予你猜！Hoⁿ！條直聽 hâⁿ！「我佇咧想啦，
抑你佇咧癮啦。Tiuh 一下！Tiuh 一下！嘿嘿嘿…，我佇咧歡喜，
抑你疼 kah 強欲死」。

金鳳凰：矮仔冬瓜！你講啥貨啦？你對女先覺遮呢無禮 hâⁿ？你還敢的時
陣，講此个黃色-- 的！

矮仔冬瓜：啊！無彩講你老先覺哩！抑這啥物號做黃色-- 的？這作謎猜 lioh，
這足好-- 的，足有意思 lioh！

金鳳凰：啥物咧有意思？He 我未曉猜啦！

矮仔冬瓜：抑若未曉猜，你都認輸，抑我都解說予你聽。

金鳳凰：你若解說無理 hoⁿ，你予我拍死。

矮仔冬瓜：好啦！好啦！好啦！君子態度！君子態度 hoⁿ！我若解說無理
hoⁿ，抑我予你拍死，無問題！秘雕佇遮作公道人。

秘雕：哈哈…，矮仔冬瓜，上勥講遮的離離 khok-khok。你此滿若講無理予*
人拍死，he 我是毋知啊。哈哈哈哈…！

矮仔冬瓜：好啦！好啦！你恬恬聽！恬恬聽 hoⁿ！「我佇咧想，抑你佇咧癮。
Tiuh 一下！Tiuh 一下！我佇咧歡喜，抑你疼 kah 強欲死」。這都是
「釣魚仔」啦！

金鳳凰：Hâⁿ？釣魚仔？

矮仔多瓜：Hioh！我都是咧想彼尾魚仔毋？Hohⁿ！抑彼尾魚仔都是咧想我的肚蚓仔咧，hohⁿ！抑「tiuh 一下！tiuh 一下！」魚仔佇咧食餌（jī）啊，抑啄（tok）一下、啄一下，抑我共扭（giú）起來！Hoh，「我佇咧歡喜，抑你疼 kah 強欲死」，都是彼尾魚仔 hohⁿ，勾著嘴，足疼-- 的嗎！

金鳳凰：Hmh…，按呢閣誠有道理呢。

矮仔多瓜：嘿嘿…，差不多啦！Hohⁿ！你臆無著啊哦。來，閣一擺輸贏哦？

金鳳凰：著啊！閣一擺輸贏，換我哦！條直聽 hâⁿ！Eⁿ…，一句「如意君」。

矮仔多瓜：Hoh！

金鳳凰：此句「如意君」hohⁿ，是啥物人講？猜看覓咧！

矮仔多瓜：啊！害啊！此个「如意君」，這足深-- 的，這看啥物人講-- 的？這欲哪會猜有都好？Hmh…，如意君啊？今此句「如意君」是啥物人講-- 的啊？Hmh hmh hmh…，如意君？Eⁿ…，大籖-- 的啊！你想有抑無？

戇杉：Eⁿ…，此个「如意君」hohⁿ，都是阮某佇咧共我叫-- 的，阮某講-- 的。

金鳳凰：烏白來！逐家嘛佇咧講。我是講…，第一个人，是啥物人講-- 的啦？

戇杉：He 我抑知？毋是阮某講-- 的呢？

矮仔多瓜：無啊！烏白講啊！阮愛人嘛是攏叫我如意君。啊，秘雕，你知毋知？

秘雕：哈哈…，如意君是毋？此个啥物人講-- 的呢？Hmh…，哈哈哈…！

矮仔多瓜：哭枵！哭枵！今你是知也毋知？抑都毋知 hohⁿ，佇遐「hoaihⁿ！hoaihⁿ！hoaihⁿ！」

秘雕：此个，我秘雕一無所知了。

矮仔多瓜：好啦！好啦！今你 he 武林博士 hohⁿ，未博啊！未博啊！此个如意君既然 kah 毋知的以上 hohⁿ，未博啊！未博啊！

宇宙先生：來了！我宇宙先生欲來參加！

金鳳凰：Hâⁿ？你敢毋是東北派是毋？

宇宙先生：Eⁿ…，現在加入東北派。此句「如意君」hohⁿ，就是唐朝的查某皇帝，此个武則天，佇咧稱呼伊的愛人，叫薛敖曹〔註25〕，稱呼

〔註25〕《如意君傳》晚明的白話小說，曾被清朝官府列爲淫書，主人公是武則天和她最後的一名男寵薛敖曹。

　　　　　　伊作「如意君」啊！這都是武則天代先叫-- 的。

金鳳凰：著啦！你宇宙先生實在是博古通今呢，無所不曉。

混沌先生：嘿嘿…，女先覺金鳳凰，我共你介紹，此个宇宙先生啊！哼，若
　　　　　　毋是天生散人，都是崑崙的開基元祖劉伯溫！你想是嗎？

金鳳凰：Hmh，這嗎？

【不了和尚】

不了和尚：我來了！阿彌陀佛，善哉！善哉！

　　　　　　正月二月你咧田水深，

　　　　　　勸娘食菜都拜觀音〔註26〕。

　　　　　　娘 noh 哦…！

戀杉：哭父啊！人逐家佇遮咧講話，你這和尚佇遐咧化緣！

金鳳凰：毋是啦！He 是我的好朋友，都是叫做「不了和尚」。聖僧！椅遐坐。

不了和尚：啊！多謝多謝了。猶有先覺，抑也有下輩-- 的，嘿嘿嘿！逐家踮
　　　　　　遮佇咧議論啥貨啦？

金鳳凰：都是我此滿愛答應啦。答應伊東北派 hohⁿ，eⁿ…，咱也未使得援助，
　　　　　　同時西南派五雷天師，我也未使得援助啦！咱徛在中立都著啦！

不了和尚：慢且！慢且！慢且！我來作一个予 in 對，抑了後伊若臆會著，咱
　　　　　　即 mái 幫助五雷天師啦！

混沌先生：慢且！我此滿欲要求你，來看此个宇宙先生是劉伯溫？抑也是天
　　　　　　生散人？哦…，你不了和尚，先共我講看覓啊咧！

不了和尚：Hoh，按呢哦？待吾展開慧眼觀看，便知清楚了。哈哈哈…！此
　　　　　　个都是崑崙的開基元祖劉伯溫了。

〔註26〕 【註生娘媽請神咒】　正月二月田水深，勸娘食菜拜觀音。拜得觀音有感應，
　　　　出有好子清娘心。三月四月焚香山，勸娘食菜敬家官。敬得家官有孝義，出
　　　　有好子能做官。五月六月人收冬，勸娘食菜莫放寬。有人食得三官菜，難報
　　　　娘身十月胎。七月八月是中秋，孟宗哭竹筍發青。思要冬天能發筍，正是孝
　　　　子感動天。九月十月小陽春，勸娘食菜拜血盆。血池化做蓮花池，五朵蓮花
　　　　滿地開。十一月十二月年中來，一年四季好安排。安排焚香蠟燭開，觀音送
　　　　子汝曆來。勸汝做好著食菜，不免血池來。黃泉路上無人行，救苦救難觀世
　　　　音。觀音獨座蓮花池，善才良女兩邊排。南海龍王來朝拜。土地公公獻紙錢，
　　　　勤人莫得結冤仇。食人一斤還四兩，冤冤相報無時休。人生死了萬事休，朝
　　　　朝暮暮水上流。人生卻是好事糧，弟子一心三拜請。觀音佛祖註生娘媽降臨
　　　　來，神兵火急如律令。

混沌先生：哦？劉伯溫？

宇宙先生：哦！你此个和尚烏白講。我是宇宙先生，毋是劉伯溫。你按呢烏
　　　　　白共我講！

不了和尚：唉呀！瞞者瞞不識，識者不可瞞。我此个不了和尚呢，一目了然
　　　　　啊。劉伯溫先生 hoⁿ，抑你渡風塵來幫助六合，這都是無毋著呢！
　　　　　嘿…，逐家嘛真歡迎啦！看著毋著？抑此个混沌先生 hoⁿ，都是
　　　　　西南派十八地獄的總首領啦。

混沌先生：Hâⁿ？你連我的根基，攏總共我透露出來。按呢好，到遮來，喂！
　　　　　劉伯溫啊！我此个混沌先生 hoⁿ，欲佮你拚！

宇宙先生：唉唉唉…！抑咱二个是好朋友，抑反倒轉煞變成仇人？

混沌先生：昨昏是朋友，今仔日是敵人啦！來！咱二个到無人所到的雷音
　　　　　谷，來拚 kah 死。

宇宙先生：唉…！好啦！我宇宙先生 hoⁿ，頭一擺去抵著，抵著你這不了和
　　　　　尚，你共我講我號做劉伯溫。抑我若會死呢，結局去予不了和尚
　　　　　你共我害死-- 的。抑我宇宙先生毋知是毋是劉伯溫，抑毋是？我
　　　　　家己嘛毋知啦。既然混沌先生 kah 向我的挑戰，在三聲無奈的情
　　　　　形下，我嘛答應。好！行吧！到此个雷音谷吧！

混沌先生：行！

宇宙先生：行！來！

不了和尚：哦！抑你號做矮仔冬瓜？

矮仔冬瓜：嘿…，我矮仔冬瓜無毋著！

戀杉：我號做戀杉！

秘雕：抑我秘雕！

不了和尚：哇！誠出名！我此个不了和尚真早都聽恁的名。抑你愛此个金鳳
　　　　　凰嘛幫助五雷天師。抑我此滿來共你問啦！Hoⁿ！世間有此个三
　　　　　不了，抑所以此个「三不了」呢，是按怎啥物號做「三不了」？
　　　　　抑你共我解說一个予我聽看覓，閣閣-- 閣！

矮仔冬瓜：「三不了」hioh？Hâⁿ？小寡代誌啦！我矮仔冬瓜馬上共你回答。
　　　　　「三不了」都是按那呢？世間事辦未了；世間的幸福享未了；
　　　　　世間的情仇呢，永不了。這都是號做「三不了」。

不了和尚：呵呵呵！矮仔多瓜，你實在眞勢眞勢！按呢好！我此个不了和尚
也絕不無去幫助著五雷，抑此个金鳳凰也絕對無幫助五雷啊。恁
放心，hohⁿ！抑叫六合呢，盡量共開殺，共拍予死，無代誌啦！
無代誌啦！趕緊去！趕緊去！

秘雕：多謝！

戀杉：好！多謝！

矮仔多瓜：『謝謝你』。請！

金鳳凰：請不了聖僧入來行棋消遣。

文玉：來了！參見師母！

金鳳凰：哦，文玉，你轉來是毋？

文玉：是啦！當今的皇上欲來遮，拜訪師母。

金鳳凰：Hâⁿ？當今的皇上？

不了和尚：唉呀…，呀呀呀呀！唉呀…，皇帝哪會對遮來啦？抑我此个不了
和尚明明有福氣，即會見著皇帝啦！

金鳳凰：是啦！敲鐘擂鼓，迎接當今的皇上，抑佮伊耗來*去遊山玩水。

不了和尚：哈哈哈…！著！著！著！干若親像羅公遠、葉仔法善〔註27〕，抑
佇咧耗唐明皇咧遊月宮 liah。按呢好！迎接當今的天子，來共耗來
*去遊山玩水。阿彌陀佛，善哉！善哉了！

五雷天師：聽者，我乃是五雷天師！希望金鳳凰佮不了和尚，你愛趕緊來幫
助我收除六合，未知恁意見如何啊？

金鳳凰：無可能！我已經答應矮仔多瓜，我未當幫助你。

不了和尚：Eⁿ…，我不了和尚嘛未當援助你啊！我都欲尋皇帝來遊山玩水。
哈哈哈！抑你家己都愛注意，你若去予六合拍死，這是你的運命
啦！Hâⁿ？抑你盡量用「五雷擊頂」拍六合，拍看會死-- 無？緊
去吧！

五雷天師：哈哈哈…！按呢好。朋友到遮，攏無欲援助我。我是孤軍奮鬥！
我拍死六合的了後，即來到這鳳凰山，拍死你金鳳凰佮拍死不了
和尚。請！

〔註27〕 葉法善（616 年～720）是唐代著名道士，而羅公遠則是章回小說《月唐演義》
重要的神仙人物，曾經在中秋時帶領唐玄宗到廣寒宮一遊，欣賞了《霓裳羽
衣曲》。

不了和尚：Eⁿ…，皇帝來，抑咱毋都趕緊準備迎接。抑毋倘予當今的皇帝了
　　　　　解咱有此段代誌啊！抑皇帝即未著驚 liah！抑若無 hoʰⁿ，此个妖
　　　　　道五雷天師向我挑戰，我此个不了和尚也毋是咧軟啦！看著毋
　　　　　著？

金鳳凰：是啦！武林的事共伊撥一邊，迎接當今的天子，伺候！

金鳳凰：吾主萬歲，萬萬歲。

不了和尚：吾主萬歲，萬萬歲。

朱嘉靖：哦！聖僧！女先覺！平身！

金鳳凰：萬歲！

不了和尚：萬歲！萬萬歲！

朱嘉靖：此个所在光景真好。奇峰異石、蒼松翠竹，寡人希望恁二位帶路，
　　　　　恔我來遊山玩水吧！

金鳳凰：是啦！請萬歲御駕對遮來。

不了和尚：哈哈…，請萬歲對遮來！對遮來！對遮來！阿彌陀佛，善哉！善
　　　　　哉！

【雷音谷】

旁白：恐怖！恐怖！恐怖！緊張！緊張！緊張！此个所在就是叫做「雷音
　　　谷」，飛沙彌目、天昏地暗，好一派的死城！真濟萬教先覺若是踏入著
　　　此个雷音谷，宛然干若親像地獄全一款。混沌先生同著宇宙先生，已
　　　經響響踏入了。

宇宙先生：稍等咧！咱踏入來到此个所在，遮一个石碑。此个石碑，啥物人
　　　　　寫-- 的？寫一下「六合魂斷雷音谷」。這到底啥物人寫-- 的嗎？

混沌先生：哈哈…，宇宙先生你毋知影是毋？此个都是萬象大師寫。

宇宙先生：哦，萬象大師？

混沌先生：然也。

宇宙先生：萬象大師到底啥物人？

混沌先生：你劉伯溫是崑崙的開基元祖，不出門能知天下事。難道連一个萬
　　　　　象大師，你也毋捌伊？若按呢你毋是先知先覺！

宇宙先生：無啦！我宇宙是號做不知不覺啦！我那敢自稱先知先覺？哦…，
　　　　　抑若按呢此个萬象大師敢寫此个石碑，寫一个「六合魂斷雷音

谷」，抑六合猶未死，伊都寫此个石碑，按呢此个萬象大師，伊毋煞知影過去、未來的代誌囉？

混沌先生：然也。喂！劉伯溫！

宇宙先生：毋是啦！毋*愛講劉伯溫，我都宇宙先生都著啦！

混沌先生：不管啦！不管你是宇宙先生，抑是劉伯溫攏好，一旦來到雷音谷，遮都是你葬身之地。我混沌先生統管十八地獄，今仔日都是欲收除崑崙開基元祖劉伯溫啦。你共我看予詳細，四面看覓咧！

宇宙先生：哦…！我掠準講你是一个真君子的人，共你看起來，你宛若攏小人、卑鄙下流呢。Hân？哦，遮濟人共我圍咧，啥物意思啊？

混沌先生：遮都是十八地獄，攏總是我的徒兒徒孫。遮攏是武林的殺手、武林的死客。

宇宙先生：Hoh hoh！你按算用遮呢濟人，都欲佮我相殺？

混沌先生：然也。

宇宙先生：我共你講哦，遮呢濟人嘛無效哦！你用這人海戰術，無較 choah 啦！俗語佇咧講 hohⁿ：鴨母一隻，抑你肚蚓三畚箕，宛若無較 choah！

混沌先生：Hâ ⁿ？抑你當作我遮-- 的，是攏肚蚓是毋？

宇宙先生：差不多是遐啦！Hmh…，好！你共看覓咧？土底按呢咧夯壅〔註28〕（giâ-èng）呢！

混沌先生：Hâ ⁿ？

宇宙先生：土底咧夯壅呢？啥物人呢？此个都是無膽劍王佇咧顯聖！

混沌先生：Hâ ⁿ？無膽劍王中著此个「土雷神功」啊，予五雷天師共伊活埋，猶閣會夯壅？

宇宙先生：Eⁿ…，未夯壅？你共看覓咧！看覓咧！看覓咧！此滿無膽劍王若對土底夯壅出來 hohⁿ，he 是無全款啦！較早真無膽，此滿是變成真有膽啦，攏總氣魄啦！Hâ ⁿ！殺人不眨眼！

【無膽劍王】

無膽劍王：吾乃是無膽劍王，我都是再世的無膽劍王啦。一个去予五雷天師用「土雷神功」共我拍死、活埋的人物。但是過去，我都是傷過

〔註28〕 指地鼠或蚯蚓從地底下鑽過，而地面上留下的浮起來鬆軟的痕跡。

頭無膽，所以遮的妖道軟土深掘啦！現在我無膽劍王，變成氣魄
的劍王，好！恁遮的妖道通通攏總該死啊！呀哈！

旁白：十八地獄的死客，烏道的份子圍戰著伊無膽劍王。無膽劍王單刀匹馬，
應付著此个十八地獄所有烏道的死客。現在刣起天地昏茫茫，日月暗
無光。此个時陣，無膽劍王使用著劍光、劍氣，大開殺戒了。十八地
獄的妖道，屍橫遍野、血流成河。此个時陣，混沌先生看情形不對，
都欲出手的時陣，宇宙先生共伊押 tiâu 咧。

【宇宙先生】

宇宙先生：慢且去哦。你佮我呢。你毋倘走！抑無膽劍王都是鴨母，十八地
獄的妖道都是肚蚓。抑鴨母都欲食肚蚓呢，你都予伊食。抑咱二
个，hoh hoh 佇此个所在。遮一粒大石頭，抑遮也一粒大石頭 hohⁿ，
抑恬恬坐踮遮。你的手佮我的手，逐家 at tiâu 咧，用手中心的氣
功來相殺，這號做「玄玉通眞法」hohⁿ！我若予你殺死，甘願啦；
抑你混沌若死在我的手頭呢，毋倘埋怨。

混沌先生：好！來吧！

宇宙先生：注意！啊！

混沌先生：啊！（慘叫聲）

宇宙先生：混沌先生啊，你的規身軀的汗流了了，流到尾仔從按流血，連毛
管也出血，泥丸宮、七竅齊開。抑續落去呢，吃此个天地大五行
的氣攏共你降入去著你的骨髓。你的性命已經一步一步踏入死亡
的界線。善有善報，惡有惡果；善惡無報，天下定有輸啊。毋是
我宇宙開殺哦，這是你我用「玄玉通眞法」，逐家佇咧比試。但
是你運功運到毛管、七竅、要害攏齊開，抑去予天地的五氣共你
降入你的骨髓。所以你都欲死啊！你走火入魔了！

混沌先生：啊…！來人啊！趕緊共我尋來見萬象大師啦！好厲害的劉伯溫！

宇宙先生：毋是啦！宇宙先生啦！

混沌先生：好啦！清彩啦！

宇宙先生：Hmh，現在六合禪師準備欲開殺，我宇宙無來共看覓，嘛未用得
啦！展著速度的輕功，來去觀看六合禪師大開殺戒。

（風聲）

宇宙先生：突然間，一張的烏帖。此張的烏帖，降落在我面前。我共伊看一下較詳細-- 的。唉！萬象大師所寄來的烏帖，叫我佇生死巖佮伊會面。若講著萬象大師，實在使我的可怕。因為在著此个雷音谷的所在，徛一个石碑，斷定六合禪師會死，真正去予斷著啦！若毋是當今的皇帝共敕封作「大羅真仙」啊，六合禪師此劫脫未過去啦！實在此个萬象大師有先見之明。抑我宇宙先生無來去，嘛未用得呢，接著人的烏帖，到生死巖會見萬象大師就是。

【無膽劍王】

旁白：陰森森！陰森森！冷爍爍！冷爍爍！此个雷音谷，又閣再形成萬分緊張的局勢了。東北角的所在，滿面的殺氣，六合對此爿面響響前來。烏雲密佈，西南角的所在，五雷天師也向著此个雷音谷而來了。

無膽劍王：哦？六合禪師嗎？

六合：哦…，你是誰？

無膽劍王：我就是無膽劍王。

六合：哦，無膽劍王來此何事？

無膽劍王：我都是欲來此个所在，幫助著六合禪師你，收除著西南的妖道。

六合：現在奉了天子有旨，來到此个雷音谷，都欲解決萬惡的大罪者五雷天師，一來為我三大名師的報仇，二來為三秘雪恨，三來為天下之太平。此事，我六合非辦不可。此次，六合決心開動殺戒。

無膽劍王：哈哈！六合禪師，我無膽劍王真愛聽你此句話啦！此句話 kah 講出來以上呢，言能得行嗎？

六合：當然啦！

無膽劍王：呀！

六合：你開殺？

無膽劍王：著啊！遮的人都是欲來暗殺六合禪師，所以即予我此个劍氣共伊收拾啦！彼爿著愛注意！

六合：哦！你此个殺人斷頭法，真正使我六合欽佩啊！

無膽劍王：唉呀！六合禪師，你毋倘佮我無膽劍王相褒啦！若你功夫是在吾之上，不在吾之下。彼爿面猶閣真濟人，遐攏予我無膽劍王負責。請！

六合：五雷天師，聽者，我六合單人來到此地，都欲佮你一拚生死！現面來！

五雷天師：哈哈哈…！你欲看我的廬山眞面目〔註29〕，有所困難。除非你六
　　　　　合，用你的一氣神功共我拍死，即會當看著我的廬山眞面目啦。
　　　　　但是六合，論你的道行，未堪得予我「五雷擊頂」拍三下，你會
　　　　　變成火炭！

六合：哦，妖道！你毋倘猖狂啦！我是大羅的眞仙，是當今大明天子的敕封。

五雷天師：大羅眞仙是毋？按呢好，「五雷擊頂」欲來拍死你此个大羅眞仙。
　　　　　注意來！哈！

旁白：六合大戰五雷天師，旗鼓相當、平分秋色。六合使用「一氣神功」都
　　　欲解決五雷；五雷使用著「五雷擊頂」都欲解決六合，二人形成生死
　　　戰，誰勝誰敗，誰輸誰贏呢？此个宇宙先生佮萬象大師在生死嚴會面，
　　　會變成如何的局面呢？三秘是毋是眞正死呢？請聽第五集便知分曉。

〔註29〕蘇軾〈題西林壁詩〉橫看成嶺側成峰，遠近高低各不同。不識廬山眞面目，
　　　　只緣身在此山中。